GERN GESCHEHEN, MR. PRESIDENT!

Greg Palast

Gern geschehen, Mr. President!

Wie man eine US-Wahl manipuliert in 10 einfachen Schritten

Aus dem Englischen
von
ANDREAS SIMON DOS SANTOS

HAFFMANS ||| TOLKEMITT

Einige dieser Geschichten wurden von *Rolling Stone*,
The Nation, Harper's, In These Times, YES!, Guardian, Observer, Los Angeles Times,
Aljazeera, PBS *Now*, BBC Television, *Democracy Now!* und der
Thom Hartmann Show veröffentlicht bzw. erschienen online bei *Truthout.org, Vice.com*,
Huffington Post und *Nation of Change* sowie, mit Illustrationen von
Ted Rall, in *Hustler* und *The Progressive*.

Deutsche Erstausgabe

1. Auflage, Juli 2016

Vollständig überarbeitete, aktualisierte und erweitere Neuausgabe
des 2012 bei Seven Stories Press, New York erschienenen Titels
Billionaires & Ballot Bandits. How to Steal an Election in 9 Easy Steps.

© 2016 Haffmans & Tolkemitt
Bötzowstraße 31, D-10407 Berlin.
www.haffmans-tolkemitt.de

Lektorat: Katharina Theml, Büro Z, Wiesbaden.
Umschlaggestaltung: Studio Ingeborg Schindler.
Produktion: Urs Jakob,
Werkstatt im Grünen Winkel, CH-8400 Winterthur.
Satz & Litho: Fotosatz Amann, Memmingen.
Druck & Bindung: CPI books GmbH, Leck.
Printed in Germany.

ISBN 978-3-942989-95-4

»Ich will meinen gerechten Anteil –
und das heißt *alles*.«

Charles Koch

»Es ist möglich,
Menschen vom Wahlrecht auszuschließen,
aber es ist unmöglich,
sie von dem Recht auszuschließen,
gegen diesen Ausschluss aufzubegehren.«

Thomas Paine

Inhalt

Geschichten aus der Gruft der Demokratie 143
Ein Comic-Buch von Ted Rall
nach der Recherche von Greg Palast

Eine feindliche Übernahme Amerikas

von Robert F. Kennedy jr.

Die amerikanische Demokratie ist unter Beschuss.

500 Millionen Dollar haben Karl Rove und der Enron-Gauner Ed Gillespie von großen Umweltverschmutzern und Wall-Street-Moguln eingesammelt, um die nächsten Präsidentschaftswahlen zu kaufen.

Zwei der Koch-Brüder, Charles und David, spendeten 750 Millionen Dollar für die Wahl von Kandidaten, die sich für schrankenlose Unternehmensprofite einsetzen.

Die Senatoren und Kongressabgeordneten, denen sie mit ihrem Geld zur Wahl verhelfen, repräsentieren nicht das Volk der Vereinigten Staaten – sie repräsentieren die Kochs und ihre Kumpane aus der Erdölindustrie, die Pharmakonzerne und die Bankster von der Wall Street, denen es um eine feindliche Übernahme der US-Regierung geht. Der unternehmensfreundlichste Oberste Gerichtshof der Vereinigten Staaten seit dem ausgehenden 19. Jahrhundert hatte mit seinem Urteil in dem Prozess *Citizens United gegen Federal Election Commission* Unternehmen zu natürlichen Personen erklärt und die Verfügungsmacht über Berge von Geld mit dem Recht auf freie Rede gleichgesetzt. Diejenigen mit dem meisten Geld haben nun die lauteste Stimme in unserer Demokratie, während arme Amerikaner mundtot gemacht werden. Und das Geld spricht klar und deutlich:

Bei 97 Prozent der Wahlen auf Bundesebene in den letzten beiden Jahrzehnten trugen die am besten finanzierten Kandidaten den Sieg davon. Amerika, das stolze Vorbild der Welt für Demokratie und eine starke Mittelschicht, entwickelt sich immer mehr zur Oligarchie und zu einer Kleptokratie der Konzerne.

Als ich in jungen Jahren durch Lateinamerika reiste, erlebte ich dort Kolonialgesellschaften, die im Kern altertümliche Polizeistaaten waren, beherrscht von Ausländern in Teilhaberschaft mit einigen wenigen reichen Familien. Diese Oligarchen aus einheimischer Zucht kontrollierten das Land und die Ressourcen und kungelten unter sich die Präsidentschaft aus. Um sich an der Macht zu halten, errichteten diese Machtcliquen Propagandaapparate zur Täuschung der Öffentlichkeit, kontrollierten die Presse, fälschten die Wahlen, zerschlugen die Gewerkschaften und zementierten im Namen der »nationalen Sicherheit« einen starken, häufig brutalen Polizeistaat.

Amerika sieht heute mehr und mehr wie eine dieser Kolonialwirtschaften aus, mit einem System, das immer stärker zur Bereicherung des reichen obersten Prozents der Gesellschaft neigt und der Befriedigung der merkantilen Bedürfnisse multinationaler Konzerne mit geringer Loyalität zum Land dient. Diese radikalen Kräfte beherrschen bereits die nationale Presse; Fox News und das Talkradio sind längst komfortabel in der Hand der rechten Wirtschaftslobby. Es ist das erste Mal in der amerikanischen Geschichte, dass die Interessen von Wirtschaft und Medien so klar und so gefährlich im Bunde stehen.

Mit den Medien und unbeschränkten Geldmitteln in der Hand zielt die Strategie von Rove, den Kochs, der Handelskammer und ihresgleichen letztlich darauf, die repräsentative Demokratie auszuhöhlen, indem sie Amerikaner am Wählen hindert. Eine Fülle von neuen Gesetzen zur Diskriminierung von Minderheiten richtet sich gezielt gegen Wähler der Demokratischen Partei und verfolgt den Zweck, Hindernisse zu errichten, die Arme und Angehörige von Minderheiten, Senioren und Studenten vom Gebrauch ihres Wahlrechts abschrecken oder ausschließen.

Bürger von der Wahl abzuhalten steht unter Strafe. Dennoch bedient sich die Republikanische Partei raffinierter Abschreckungs- und Ausschlussmethoden, um Wähler aus Minderheiten an der Ausübung ihres Wahlrechts zu hindern. Die Aussortierung von Wählern wegen angeblich falscher Adressen zum Beispiel ist nach dem Wahlrechtsgesetz illegal (siehe Kapitel 13 »Karl Rove, vertraulich«), und ein Gerichtsurteil untersagte insbesondere der Republikanischen Partei diese *caging* genannte Praxis. Trotz dieses Urteils fahren Funktionäre der Republikaner, wie Greg Palast nachweist, in großem Umfang mit der illegalen »Säuberung« von Wählerlisten fort. Nur selten werden heute solche Gesetzesverstöße geahndet.

Noch beunruhigender ist die Kaperung des Gesetzgebungsverfahrens durch Rove und seine Kumpanen – die Einbringung vorformulierter Gesetze, die dann von republikanischen Legislativen im ganzen Land verabschiedet werden –, mit dem Zweck, aus den Wählerlisten Anhänger der Demokratischen Partei herauszusieben oder Hürden aufzubauen, um sie von der Wahl abzuhalten. Laut dem Brennan Center for Justice gab es vor 2006 keine besonderen Auflagen für die Wähler, sich im Wahllokal auszuweisen. Doch seit 2011 haben republikanische Strategen in 41 Bundesstaaten 141 neue Bestimmungen eingeführt, mit denen die Teilnahme an der Wahl an die Vorlage bestimmter Ausweispapiere geknüpft wird. 16 Staaten haben Gesetze verabschiedet, die Wähler behindern und sich auf die Wahl auswirken.

1778 waren die Vereinigten Staaten und die Schweiz die einzigen Demokratien der Erde. Heute gibt es 166 Demokratien. Wir sind das Vorbild. Doch während wir einen Blutzoll und viel Geld zahlen, um Demokratien im Irak und Afghanistan aufzubauen, setzen unsere Regierungen und Parteifunktionäre alles daran, Bürgern das Wählen im eigenen Land zu erschweren.

Wenn es gelänge, sich nur 0,25 Prozent der schwarzen Wähler in diesem Land zu entledigen, so schrieb Karl Rove unlängst, könne man die Wahl drehen. An diesem Ansinnen ist etwas zutiefst Unamerikanisches.

Mit projektierten sechs Milliarden Dollar könnte der Wahlkampf 2016 der kostspieligste der amerikanischen Geschichte werden und wäre doppelt so teuer wie der letzte. Milliardäre schaufeln tonnenweise Geld in den Wahlkampf, nicht weil sie Patrioten sind, sondern weil sie alles niederreißen wollen, woran Amerikaner glauben und was sie an ihrem Land lieben – alle Ideale, die uns stolz darauf machen, Amerikaner zu sein.

Senator John McCain nannte die Entscheidung des Obersten Gerichtshofs im Verfahren *Citizens United*

Robert F. Kennedy jr. begutachtet während der Recherchen zu diesem Buch vertrauliche Beweise für das sogenannte caging, *d. h. das illegale Aussortieren von Wählern (Jackie Soohen für BBC-TV, RollingStone. com und Palast Investigative Fund).*

gegen Federal Election Commission »arrogant, uninformiert, naiv ... das schlimmste Urteil im 21. Jahrhundert«. Das Gericht beseitigte damit auf einen Schlag ein Jahrhundert gesetzlicher Bestimmungen und Rechtsprechung, die Unternehmen daran hinderten, Kandidaten zu finanzieren.

Die so reichlich fließenden Spenden der Unternehmen sind eine Anzahlung auf unsere Demokratie, die sie bald vollständig in ihren Besitz zu bringen hoffen. Unser System zur Wahlkampffinanzierung ist zu legalisierter Bestechung verkommen. Firmenspenden ebnen Politikern den Weg, die das Gemeineigentum privatisieren wollen: Sie wollen der Öffentlichkeit die Luft stehlen, das Wasser, die Wildtiere, die Fischbestände und das öffentliche Land, um daraus ihren privaten Profit zu schlagen. Die Lobbys von Erdöl, Kohle, Gas und Atomkraft können jetzt die Regeln unserer Energiepolitik manipulieren, um den Einsatz der dreckigsten, giftigsten, höllischsten Brennstoffe statt preisgünstiger, sauberer, grüner, gesunder, patriotischer, himmlisch erneuerbarer Energien zu belohnen. Unterdessen ist die Wall Street ein unreguliertes, zu gering besteuertes Kasino, wo die öffentlichen Investoren in einem gezinkten Spiel zur Bereicherung der Bankster regelmäßig ihr Geld verlieren.

Ich persönlich habe kein Problem damit, die von Konzernen beherrschte sogenannte Super-PACs – spezielle »politische Aktionskomitees« zur generellen Wahlkampfunterstützung, an denen sich nach neuer Rechtsprechung des Obersten Gerichts auch Unternehmen beteiligen dürfen – als hochverräterisch zu charakterisieren. Sie haben zum Ziel, die amerikanische Demokratie zu untergraben und unser Land in die Fänge einer Geldaristokratie zu treiben. Sie streben die Aufgabe der Idee einer demokratischen Regierung an, wie sie unseren Gründervätern vorschwebte.

Wir rasen im freien Fall auf die Wiederkehr einer Oligarchie alten Schlags zu, jene verderblich diebische, tyrannische, oppressive Regierungsform, vor der Amerikas erste Siedler aus Europa geflohen waren.

Greg Palast ist der letzte der großen Enthüllungsjournalisten alter Schule. Er ist eine Ausnahmeerscheinung, ohne Angst vor tyrannischen Konzernen. Gemeinsam recherchieren wir seit Jahren die neuen Praktiken, mit denen bestimmte Wähler in Amerika von der Wahl ferngehalten werden, und prangern sie öffentlich an.

Greg Palast und ich fassten die Tricks des neuen Wählerbetrugs und Stimmenklaus zuerst in einem Artikel für *Rolling Stone* zusammen. In *Gern geschehen, Mr. President!* beschreibt Greg Palast nun detailliert jede dieser hinterlistigen Maschen, um Angehörige der Minderheiten in den Vereinigten Staaten ihres Wahlrechts zu berauben. Vor allem folgt Palast hier der Spur des Geldes, das hinter der Maschinerie der Demokratiezerstörung steckt.

1.

Die Europäer
müssen die Amerikaner
für verrückt halten

Das Weiße Haus, der Amtssitz der amerikanischen Präsidenten, war das Heim einer beängstigenden Serie von feigen Schwindlern, frömmelnden Schurken, psychopathischen Blutanbetern, prahlerischen Primitivlingen, reichen Dummköpfen, möchtegernreichen Dummköpfen, Betrügern, Fälschern und schlimmer: Hohlköpfen, Vogelscheuchen, plappernden Totenmasken und Männern, die sich nicht einmal selbst etwas bedeuteten. Richard Nixon. George W. Bush. *Donald Trump?*

Mein Partner bei diesen Recherchen, Rechtsprofessor Bobby Kennedy jr., sagte mir:

> »Die Europäer müssen die Amerikaner für *verrückt* halten – dass wir kranke, gefährliche Schwachköpfe wie George W. Bush wählen – *immer und immer wieder.*«

Wieso landen die USA bei einem Horrorpräsidenten nach dem anderen? Kennedy erklärt es: »Nur was die Europäer nicht wissen, ist, dass wir Bush *gar nicht ins Weiße Haus gewählt haben. Er hat die Wahl gestohlen. Zwei Mal!*«

Das hässliche kleine Geheimnis der amerikanischen Demokratie ist, dass wir *nicht alle Stimmen zählen. Millionen* von Stimmen werden schlicht in den Müll geworfen. Und *Millionen* von Wählern werden aus den Wählerlisten gestrichen und von den Wahlen ausgeschlossen.

Wie viele? Ob Sie es glauben oder nicht, der amerikanische Staat unterhält eine Behörde, die US Election Assistance Commission, die den offiziellen Stand der nichtgezählten Stimmen ermittelt. Aus den Zahlen dieser Kommission können wir berechnen, dass mindestens 2 706 275 der bei den Präsidentschaftswahlen im Jahr 2008 abgegebenen Stimmen *nie gezählt wurden*. Weggeworfen: Beinahe drei Millionen Stimmen wurden durch den Abfluss gespült. Das ist eine hässliche Tatsache.

Aber es kommt noch ärger. Die Daten der Behörde verraten uns auch, dass mindestens 3 195 539 amerikanische Wähler schlicht daran gehindert wurden, ihre Stimme überhaupt abzugeben. Das heißt, sie wurden aus dem Wählerregister gesäubert oder bekamen schlicht keinen Wahlzettel.

Rechnet man es zusammen, dann schwillt die Summe auf nicht weniger als 5 901 814 legitime Stimmen und Wähler, die aus der Stimmzählung hinausgeworfen wurden. Nennen wir sie die FEHLENDEN SECHS MILLIONEN.

Spielt das eine Rolle?

Und ob es das tut! Im Jahr 2000 wurde George W. Bush mit einem Vorsprung von nur 537 Stimmen zum Präsidenten erklärt – von über 100 Millionen abgegebenen Stimmen.

Karl Rove, Bushs Chefberater, erklärte es am besten. Die Leute nannten Rove »Bushs Gehirn«. Aber Bush nannte ihn »Turdblossom«, das heißt Dungblume. Dungblume also sagte:

»Wir erwecken langsam den Eindruck, als hätten wir [in den USA] Wahlen wie in Ländern, wo die Machthaber, äh, Obristen mit Spiegelbrille sind.«

Vielleicht beschwerte sich Dung-
blume Rove hier über den massiven
Stimmendiebstahl in den USA. Ich
habe allerdings eher den Verdacht,
dass er damit *prahlen* wollte, denn
»Bushs Gehirn« ist der Erfinder von
einigen der hässlichsten Stimmen-
klau-Tricks der letzten vier Jahrzehnte. (Siehe Kapitel 13, »Karl
Rove, vertraulich«)

2016 ist Rove mächtiger denn je und bereitet sich darauf
vor, beinahe eine *halbe Milliarde Dollar* für die kommende
Wahl auszugeben. Und wer ist es, der Rove mehr Millionen
gibt, als Sie in Ihrem ganzen Leben jemals zählen können –
Millionen, um sicherzustellen, dass die Republikaner
gewählt werden? Es ist sein liebster Sugardaddy: der Aasgeier. Wer der Aasgeier ist? Nun, darauf komme ich noch.

■ ■ ■

Woher weiß ich von den FEHLENDEN SECHS MILLIO-
NEN Stimmen?

Das ist mein Job, mein Metier, ich jage hauptberuflich
wahlfälschende Trickbetrüger und versuche herauszufinden, wie sie die US-Wahlen frisieren und dem Wahlvolk die
Stimmen klauen. Seit über einem Jahrzehnt bin ich auf der
Jagd nach Wahlbanditen – und den Milliardären, die hinter
ihnen stecken –, für die britische Tageszeitung *The Guardian*, für BBC Television, für Al Jazeera und, 2016, für *Rolling
Stone*.

Wie funktioniert das, der millionenfache Diebstahl von
Stimmen? Wie kommen die Räuber damit durch? Die Antwort lautet: mit Hilfe der Hysteriefabrik.

Durch mehrere Tarnorganisationen haben Rove und seine Kameraden nämlich eine Kampagne gestartet, die sich brillant der Taktiken bedient, mit denen einst die Angst vor der roten Gefahr und später vor dem Terror geschürt wurde. Nur dass jetzt an Stelle eines Kommunisten, der unter dem Bett lauert, oder einer Zelle von ISIS-Schläfern im Haus nebenan ein neues Angstmonster erschaffen wurde, das gejagt und vernichtet werden muss: der betrügerische, der illegale Wähler.

Doch den gibt es so gut wie gar nicht oder, um genau zu sein, es gibt so wenige, dass man sie buchstäblich an den Fingern einer Hand abzählen kann – etwa sechs in jedem Jahr, nicht sechs Millionen. Es gibt also ein halbes Dutzend Deppen, die wegen illegalen Wählens verurteilt werden ... in den gesamten Vereinigten Staaten. Aber in der medialen Echokammer der Angst, im Inneren der Wahlbetrug-Hysteriefabrik, werden diese sechs Deppen zu einer derart gefährlichen Bedrohung aufgebauscht, dass sie als Entschuldigung dafür dienen, *sechs Millionen Bürgern* das Wahlrecht zu stehlen.

■ ■ ■

Wie genau aber bekommt man es hin, sechs Millionen Stimmen zu unterschlagen?

Es gibt zehn Wege, das zu bewerkstelligen, und einer ist hinterhältiger als der andere. Wir kommen im Laufe dieses Buches noch auf jede einzelne dieser Manipulationen zurück.

Ich entdeckte den ersten Trick – »Säuberung« genannt – im November 2000. Der Gewinner des Wahlkampfs zwischen dem Demokraten Al Gore und dem Republikaner George W. Bush war noch nicht entschieden. Es gab einen Streit um jede Stimme, die im Staat Florida abgegeben worden war.

Inmitten der Stimmauszählung ließ ein »Vögelchen« zwei Computerdisketten auf meinen Schreibtisch fallen. Sie enthielten eine Liste von Wählern – 91 000 von ihnen –, die kurz vor der Wahl aus den Wählerregistern Floridas entfernt worden waren. Warum? Warum waren diese Wähler aus den Listen »gesäubert« und auf diese Weise am Wählen gehindert worden? Der offizielle Vorwurf von Floridas Innenministerin Katherine Harris gegen sie lautete, dass besagte 91 000 Bürger »Straftäter« seien, das heißt verurteilte Kriminelle, die gar kein Recht hatten zu wählen.

Aber niemand von der Presse hatte diese Liste verurteilter Krimineller zu Gesicht bekommen – bis das »Vögelchen« (meine Quelle) sie auf meinem Schreibtisch deponierte. Mein Team begann, die Liste Name für Name durchzugehen und mit dem Strafregister abzugleichen. Und dabei fanden wir heraus, dass keiner – nicht ein Einziger – ein Straftäter war, nicht einer von ihnen war ein Krimineller, nicht einer ein illegaler Wähler. Trotzdem verloren sie alle ihr Stimmrecht.

Allerdings waren die meisten von ihnen des folgenden Verbrechens schuldig: *als Schwarze wählen zu wollen*. Die große Mehrheit derjenigen, die ihr Stimmrecht verloren hatten, waren afroamerikanische Wähler. Annähernd 88 Prozent der Schwarzen wählen die Demokratische Partei.

Dennoch erklärte Innenministerin Harris George W. Bush mit einer Mehrheit von nur 537 Stimmen zum Präsidenten – *nachdem sie Zehntausende von Schwarzen von der Wahl ausgeschlossen hatte*.

Und hier ein interessantes Faktum: Katherine Harris war nicht nur die oberste Wahlaufseherin Floridas, sondern gleichzeitig die Vorsitzende der Kampagne »Wählt Bush zum Präsidenten«. Und noch eine interessante Tatsache:

Wer hatte ihr aufgetragen, unschuldige Wähler aus den Listen zu säubern? Sie handelte auf Geheiß des Gouverneurs des Bundesstaates: Jeb Bush.

■ ■ ■

Und 2004 taten sie es *wieder*. Dieses Mal hatte Bushs Gehirn, Karl Rove, einen neuen Trick parat, das Aussortieren. (Wir kommen auf das Aussortieren noch ausführlicher zurück.) Und so wurde George W. Bush wiedergewählt; abermals nicht durch eine Stimmenmehrheit, sondern durch den Ausschluss von Wählern.

Und 2008 und 2012 gab es wieder neue Tricks. Diese hießen »ungültige Stimmabgabe«, »Blockade« und »Rauswurf«. Insgesamt benutzten republikanische Wahlfunktionäre neun Wege, um still und leise sechs Millionen Wähler und ihre Stimmzettel unter den Teppich zu kehren.

Es stimmt, Barack Obama gewann trotzdem. Das lag daran, dass er den Diebstahl mehr als wettmachte, indem er 2008 und 2012 mit einem Vorsprung von über neun Millionen Stimmen gewann. Aber 2012 war es eng: Obama übertrumpfte den massiven Stimmenklau in den entscheidenden Staaten Ohio und Florida nur so gerade eben – um Haaresbreite.

■ ■ ■

Nun haben wir 2016, und Sie fragen sich:

Wie wird dieses Mal die Wahl gestohlen?

Die Republikaner benötigen eindeutig einen neuen Trick. Er muss größer, fieser und noch viel hinterhältiger und vernichtender sein als jede bisherige Manipulation.

Und jetzt, nach zwei Jahren Recherche meines Teams aus einem halben Dutzend Detektiven, haben wir ihn gefunden: Trick Nr. 10. Sein Name klingt täuschend unschuldig: *zwischenstaatlicher Datenabgleich*. Es steht zu befürchten, dass damit bis zur Präsidentschaftswahl im November 2016 über eine Millionen Wählerstimmen neutralisiert werden.

2.

Datenabgleich:
Der große
Stimmenschredder 2016

Was könnten die Republikaner anstellen, um die Wahl 2016 zu stehlen?

Der Groschen fiel bei mir, als ich Donald Trump vor einer riesigen Menge eine Warnung brüllen hörte. Trump brüllte:

»Es gibt Leute, die wählen viele, viele Male!«

Wie bitte? Alle Republikaner erzählen Horrorgeschichten über betrügerische Wähler: Straftäter, die wählen; Tote, die wählen; illegale Ausländer und Aliens, die wählen. Aber Trumps Anschuldigung war neu: Leute, die mehr als ein Mal wählen.

Wirklich, Donald? Es gibt Leute, die »viele Male« ihre Stimme abgeben? Wenn man in den USA zwei Mal wählt, wandert man für *fünf Jahre* ins Gefängnis. Deshalb tut das niemand. Es gibt über hundert Millionen amerikanische Wähler. Unterlagen des Bundes zeigen, dass bei der letzten Bundeswahl nicht eine einzige Person zwei Mal gewählt hat. Nicht eine. Und jetzt behauptete Donald Trump, dass dies ein großes Problem sei: dass Leute zwei Mal wählen.

Wie viele Leute genau wählen also nach Ansicht der Republikaner zwei Mal? Ich bekam die Antwort von einem von Trumps frühesten Beratern für die Präsidentschaftsbewerbung, Dick Morris. Morris gab diese massive Verschwörung auf Fox News bekannt. Er sagte, dass republikanische Parteifunktionäre »wahrscheinlich über eine Millionen Doppelwähler gefunden haben!«

Eine Million? Normalerweise höre ich einem geifernden Verrückten wie Morris gar nicht zu, aber er war einmal Chefberater des Präsidenten der Vereinigten Staaten – bis er dabei erwischt wurde, mit dem Weißen Haus zu telefonieren, während ein Callgirl seine Zehen lutschte (wirklich!). Und nun erklärte Morris, wie die republikanischen Wahlbetrugsermittler eine riesige Verschwörung von *einer Million Demokraten* aufgedeckt hatten, die *doppelt gewählt hatten*.

Wie genau geben diese betrügerischen Wähler eine zweite Stimme ab? Wie schaffen es die Leute, »viele, viele Male« zu wählen? Laut Morris stimmen sie in zwei Staaten bei derselben Wahl ab. Morris sagte, dass zum Beispiel der republikanische Wahldirektor des Staates North Carolina eine Liste von 35 000 Leuten habe, die in diesem Staat und einem weiteren abgestimmt hatten. 35 000 kriminelle Doppelwähler in nur einem Staat, North Carolina – und eine Million in der ganzen Nation! Morris behauptete, dass Obama auf diese Weise 2012 seine Wiederwahl gewonnen habe. Eine Million demokratische Doppelwähler!

Wenn Morris recht hat, dann ist dies die größte kriminelle Verschwörung aller Zeiten – eine Million Menschen, die sich heimlich einem Komplott angeschlossen haben, zuerst, um einen schwarzen Mann zum Präsidenten zu wählen. Und jetzt, 2016, konspirieren eine Millionen Wähler, um eine Frau ins Präsidentenamt zu hieven, Hillary Clinton!

Die Jagd auf die Doppelwähler

Republikanische Parteifunktionäre, behauptete Morris, hätten nun endlich solide Beweise für diese massive Verschwörung. Wie haben sie diese Millionen von Kriminellen erwischt? Die Republikaner, erklärte Morris, benutzten dazu ein spezielles Computerprogramm namens »Interstate Crosscheck«. Dieses Abgleichprogramm forschte nach Wählern gleichen Namens in mehreren Staaten – und entdeckte dabei, dass eben diese Wähler auch in einem anderen Staat eine zweite Stimme abgaben. Ein Mann namens James Brown wählte zum Beispiel ein Mal in North Carolina *und* noch ein Mal in Arizona. Tatsächlich fand North Carolina heraus, dass 11 000 Amerikaner sowohl in North Carolina als auch in Arizona abgestimmt hatten. (Das ist außergewöhnlich: Arizona liegt über 2000 Meilen von Carolina entfernt – aber es wäre zu schaffen.)

Morris kam zu dem Schluss: »Hier ist der erste konkrete Beweis für massiven Wählerbetrug, den wir je hatten. Wir haben darüber *ad nauseam* gesprochen. Dies beweist es!«

Das wollte ich mit eigenen Augen sehen. Ich musste mir die Beweise verschaffen, die Namen dieser Doppelwähler. Wer sind sie? Werden sie ins Gefängnis kommen?

Ich rief also das Wahlbüro des Staates North Carolina an, um eine Kopie der Liste mit diesen 35 000 doppelt wählenden Teufeln zu erbitten. Aber ich wurde vom Pressesprecher des Staates abgewimmelt. »Diese Listen«, sagte er, »sind vertraulich.« *Vertraulich?*

Doppelt zu wählen sei ein Verbrechen, sagte der Offizielle, daher seien »[a]lle Dokumente, die mit einer Kriminalermittlung verbunden sind, vertraulich«.

Vertraulich?

Ich begann zu graben. Ich entdeckte, dass 29 der 50 amerikanischen Bundesstaaten an dem Programm »Interstate Crosscheck« teilnahmen. Es ist kein Zufall, dass beinahe jeder dieser 29 Staaten von republikanischen Wahlfunktionären kontrolliert wird. Und Staat für Staat – Nevada, Mississippi, Ohio und ein Dutzend weiterer – weigerten sich schlicht, mir die Namen der Verdächtigen, der kriminellen Doppelwähler, auszuhändigen. Es war alles »vertraulich«.

Immerhin gelang es mir, die Gesamtzahl der Verdächtigen in den 29 Staaten zu ermitteln: 7 264 422. Ganz recht: über *sieben Millionen einer Straftat verdächtige Bürger. Wow!* Aber das warf nun wieder eine weitere Frage auf: Wenn es sieben Millionen Verdächtige gibt und genügend Beweise vorliegen, um zumindest eine Million von ihnen zu verurteilen, wie viele von ihnen wurden dann schon verhaftet?

Ich flog nach North Carolina, um es herauszufinden.

Ich habe das Recht, die Namen von Kriminellen zu erfahren, die bereits verhaftet wurden. Wie viele Doppelwähler waren verhaftet worden? Wie sich herausstellte, enthielt Carolinas Verdächtigenliste insgesamt 561 693 Namen – über eine halbe Million Bürger, die verdächtigt wurden, zwei Mal gewählt zu haben! Und der Staat war sich sicher, dass mindestens 35 000 von ihnen schuldig waren.

Also wie viele von ihnen hatte der Staat denn nun verhaftet?

Josh Lawson, der Sprecher der republikanischen Funktionäre, sagte: »Keinen. Wir konnten sie nicht lokalisieren.«

Keinen?! Da gibt es 35 000 Kriminelle, und Sie können nicht einmal *einen Einzigen* aufspüren?

»Sie sind schwierig zu finden.«

Schwierig zu finden? Moment mal. Wie schwierig kann es

sein, jemanden zu finden, der doppelt gewählt hat, wenn man seinen Namen hat? Außerdem sind dem Staat auch die Adressen der Verdächtigen bekannt, die Sozialversicherungsnummern, die Führerscheinnummern, sogar die E-Mail-Adressen. Und die Behörden können *keinen Einzigen* von ihnen finden?

Das machte mich ein bisschen misstrauisch. Es gibt nur zwei Gründe, warum die Behörden nicht einmal einen dieser Doppelwähler aufspüren konnten. Entweder sind diese Leute die schlüpfrigsten 35 000 Kriminellen der Geschichte – oder sie sind alle unschuldig. Das heißt, vielleicht wurden sie deshalb nicht verhaftet, weil sie *gar kein Verbrechen begangen haben*. Trotzdem stehen sie auf der Liste.

Das wirft die Frage auf: Warum sollte man eine riesige Liste von Kriminellen aufstellen, aber keinen von ihnen verhaften?

Ich erhielt die Antwort – als ich die Liste bekam.

Der Abgleich: Die schwarze Liste von Crosscheck

Hier die Liste, die ich nicht bekommen sollte – und die Sie nicht sehen dürfen. Ich sollte wohl besser sagen, ein Teil davon. Insgesamt bekamen wir die Namen von beinahe drei Millionen Verdächtigen der Crosscheck-Liste in die Hand. Wie? Ich darf Ihnen unsere Methoden nicht verraten, nur so viel: Wir haben sie auf legalem Weg erlangt. Ein bisschen Täuschung gehörte dazu, das stimmt, aber in den USA war alles völlig legal.

(»Wir«, das ist unser außergewöhnliches Team unter Führung der Schweizer Investigatrix Badpenny von Eck-

#	A Case	B VoterState	C First_Name	D Middle_Name	E Last_Name	F Suffix_Name	G Voter_ID_Number	H ddress_Line	I Address_Line_2	J City	K Stat
1431	4793	Georgia	JAMES	S	BROWN		630681	PO BOX 170		OCHLOCKNEE	GA
1432		Virginia	JAMES	HOWE	BROWN	Jr.	802016835	10404 Stratford Ave		Fairfax	VA
1433											
1434	4794	Georgia	JAMES	FRANKLIN	BROWN		1669442	225 FLORIDA ST		BAINBRIDGE	GA
1435		Virginia	JAMES	P	BROWN	Jr.	903004649	137 Pamela Dr		Hampton	VA
1436											
1437	4795	Georgia	JAMES	GORDON	BROWN		1845896	6909 WIDGEON DR		MIDLAND	GA
1438		Virginia	JAMES	D	BROWN		917567770	5711 Mackenzie St		Centreville	VA
1439											
1440	4796	Georgia	JAMES	WINSTON	BROWN		2231607	305 PARSON RD		CHATSWORTH	GA
1441		Virginia	JAMES	ALANDIA	BROWN		22017576	306 Dwight Dr		Portsmouth	VA
1442											
1443	4797	Georgia	JAMES	MELVIN	BROWN		7812711	PO BOX 332		DAWSONVILLE	GA
1444		Virginia	JAMES	CARLTON	BROWN		806010527	3145 Egyptian Ln		Virginia Beach	VA
1445											
1446	4798	Georgia	JAMES	ALTON	BROWN		3056618	3207 SADDLEBACK MOUNTAIN RD		MARIETTA	GA
1447		Virginia	JAMES	ALFRED	BROWN	Jr.	388771865	PO Box 636		Axton	VA
1448											
1449	4799	Georgia	JAMES	STANLEY	BROWN		5469567	2686 LINCOLNTON RD		WASHINGTON	GA
1450		Virginia	JAMES	LEWIS	BROWN		510001201	780 Lakewood Trl		Martinsville	VA
1451											
1452	4800	Georgia	JAMES	WALLACE	BROWN		2216673	183 FIELDS FERRY DR NE		CALHOUN	GA
1453		Virginia	JAMES	MICHAEL	BROWN		919844267	6036 Piney Grove Way		Gainesville	VA
1454											
1455	4801	Georgia	JAMES	A	BROWN		112557	120 PARKWOOD LN		FAYETTEVILLE	GA
1456		Virginia	JAMES	CARROLL	BROWN	Jr.	917355807	195 Foggs Loop Rd		Tappahannock	VA
1457											
1458	4802	Georgia	JAMES	L	BROWN		2166542	125 KENNEDY ESTATE RD		CARROLLTON	GA
1459		Virginia	JAMES	ROBERT	BROWN		917057788	4626 Windermere Ave		Norfolk	VA
1460											
1461	4803	Georgia	JAMES	LAWRENCE	BROWN		1728117	406 CHARLESTON AVE		JONESBORO	GA
1462		Virginia	JAMES	LEONARD	BROWN	Sr.	703002751	127 Oak Dr		Stafford	VA
1463											
1464	4805	Georgia	JAMES	HAROLD	BROWN	JR	6349929	1627 SPRING HILL CT		MONROE	GA
1465		Virginia	JAMES	WESLEY	BROWN		505003355	910 Magruder Rd		Smithfield	VA
1466											
1467	4806	Georgia	JAMES	LOWELL	BROWN		146127	1215 WOODCREST DR		MACON	GA
1468		Virginia	JAMES	MELVIN	BROWN		508007943	12925 King William Rd		King William	VA
1469											
1470	4810	Georgia	JAMES	WENDELL	BROWN	JR	6937376	615 GOLDEN MEADOWS LN		EUWANEE	GA
1471		Virginia	JAMES	HERBERT	BROWN		918056776	3202 Bentham Ln		Chesapeake	VA
1472											
1473	4815	Georgia	JAMES	CALVIN	BROWN	JR	7343861	204 SANDLEWOOD DR		SAVANNAH	GA

ardt. Den dicksten Fang zog der investigative Fotojournalist Zach D. Roberts an Land. Es war Roberts, der zuerst Witterung von Crosscheck aufnahm und mich mitbuddeln ließ.)

Werfen Sie nun einen Blick auf ein paar der »Doppelwähler« auf der Crosscheck-Liste:

Das ist typisch für Crosscheck-»Verdächtige«: James

Georgia	JAMES	ELMER	BARNES	JR	1816990	150 VICKERY LN	FAYETTEVILLE	GA
Virginia	JAMES	CROSS	BARNES	III	103013756	2223 N Tuckahoe St	Arlington	VA
Georgia	JAMES	RATCLIFFE	BARNES	JR	4329174	4612 FIELD CREEK RD	TIFTON	GA
Virginia	JAMES	ANTHONY	BARNES		918529346	438 Cox Lndg Apt G	Newport News	VA
Georgia	JASON	DAVID	BARNES		7995877	1611 WINDY RIDGE LN SE	ATLANTA	GA

Elmer Barnes jr. aus dem Staat Georgia ging angeblich ein zweites Mal in Virginia als James CROSS Barnes III. wählen.

Mit anderen Worten, der *einzige* Beweis, dass diese beiden Namen einen kriminellen Doppelwähler repräsentieren, ist die Entsprechung ihrer Vor- und Zunamen. Das ist alles. Nichts weiter.

Schauen Sie auf den zweiten »Doppelwähler«: James RATCLIFFE Barnes JR. aus Georgia wird beschuldigt, ein zweites Mal im Staat Virginia gewählt zu haben – obwohl der zweite Wähler einen anderen Mittelnamen hat (Anthony) und anders als der erste keinen Namenszusatz trägt, denn hier fehlt JR.

Obwohl die Behörden von Georgia keinen dieser beiden Mr. Barnes lokalisieren konnten, um sie zu verhaften, hatte ich keine Schwierigkeiten, einen von ihnen aufzuspüren. Mr. James Elmer Barnes jr. sagte mir, dass er nie den Mittelnamen »Cross« geführt habe und auch nie »der Dritte« gewesen sei (»III.«) – und er sei nie im Bundesstaat Virginia gewesen, ganz zu schweigen davon, dort gewählt zu haben.

Die Zuständigen in Georgia wollten nicht erläutern, warum diese verschiedenen Mr. Barnes' immer noch auf der Verdächtigenliste standen. Tatsächlich wollten die republikanischen Funktionäre überhaupt nicht mit mir sprechen.

Der Staat verhaftete Mr. Barnes nicht dafür, zwei Mal gewählt zu haben (das heißt, es wurde weder James Elmer Barnes noch James Cross Barnes verhaftet, die tatsächlich zwei verschiedene Personen sind). Stattdessen bereiteten sich beide Staaten darauf vor, *sie aus der jeweiligen Wählerliste zu entfernen.* Beide Herren Barnes stehen kurz davor, ihr Wahlrecht zu verlieren, das heißt aus dem Wählerregister gestrichen zu werden.

Wie seltsam. Wenn Sie eine Bank ausrauben und dabei erwischt werden, schließt die Polizei nicht Ihr Bankkonto, sondern verhaftet Sie und steckt Sie ins Gefängnis. Doch hier wird Mr. Barnes eines Verbrechens beschuldigt, dessen Strafmaß nach amerikanischem Recht auf einer Stufe mit Bankraub steht, trotzdem wird er nicht verhaftet.

Und das liegt daran, dass Mr. Barnes unschuldig ist – *beide* Herren Barnes sind unschuldig. Eindeutig. Aber ohne Prozess – tatsächlich ohne dass sie es auch nur erfahren – werden beide Männer ihr Wahlrecht verlieren.

Werfen Sie nun einen Blick auf die längere Liste der Verdächtigen oben. Jede der Personen heißt »James Brown«. Das heißt zum Beispiel, James S. Brown soll angeblich derselbe Wähler sein wie James Howe Brown jr.

Was ist der Beweis? Nur dass jeder Wähler den Vornahmen »James« und den Nachnamen »Brown« führt. Genau wie der verstorbene Soulsänger.

Ich schaute mir das also einmal etwas genauer an: Es gibt 27 456 Leute in den USA mit dem Namen James Brown. Laut Crosscheck müssen sie eine kriminell veranlagte Familie sein. Laut Crosscheck wählen *Tausende* von Leuten namens »James Brown« doppelt.

Und nun werden diese doppelt wählenden »James Brown«-Kriminellen ihr Wahlrecht verlieren. Und, übrigens, sie werden keine Benachrichtigung erhalten, dass sie ihr Wahlrecht verloren haben, sondern es erst erfahren, wenn sie im November 2016 im Wahllokal erscheinen, um sich an der Präsidentschaftswahl zu beteiligen.

Ich gab die Crosscheck-Liste einer Gruppe von Statistikern und Datenbankspezialisten unter Leitung von Mark Swedlund. Swedlund ist einer der bekanntesten Datenbankexperten Amerikas und berät solche Unternehmen wie Amazon und American Express.

Swedlunds Experten analysierten über zwei Millionen Namen aus den Computerdateien. Erstens stellten sie fest, dass es bei über einer Viertelmillion Mittelnamen keine oder eine falsche Entsprechung gab. Mit anderen Worten, einer von vier Namen war eine offenkundige Falschzuordnung. Außerdem hatten über 100 000 Namen allein in unserer Probe nicht zusammenpassende Namenszusätze (jr./sr./ III. etc.).

Dennoch, eine Menge Namen passten zusammen. »James Brown« und »James Brown« zum Beispiel. Aber war »James Brown« ein Krimineller? Nein, sein einziges Verbrechen bestand darin, einen verbreiteten Namen zu tragen.

Swedlund erklärte mir das Offensichtliche: Der Versuch, einen Kriminellen aufzuspüren und dabei nicht mehr zu verwenden als seinen Vor- und Zunamen, sei »lachhaft«. (Seine Kunden, wie Amazon, benutzen bis zu 35 Zuordnungsmerkmale, bevor sie entscheiden, dass es sich bei einem bestimmten Namen um ein und dieselbe Person handelt. Amazon schickt nicht dem einen James Brown die Gitarre, die ein anderer James Brown bestellt hat.)

Lachhaft, ja. Aber das war kein Witz. Ich fand heraus, dass ein republikanisch kontrollierter Bundesstaat, Virginia, bereits 41 631 Wähler aus der Crosscheck-Liste aus dem Wählerregister gestrichen hat – Zehntausende von Wählern, deren einziges Verbrechen darin bestand, einen gewöhnlichen Namen zu tragen. Wenn alle Bundesstaaten, die Crosscheck verwenden, Virginias Vorbild folgen, werden über eine Million Wähler ihr Recht verlieren, am Wahltag im November 2016 ihre Stimme abzugeben.

Wieder wurde nicht einer dieser »Kriminellen« verhaftet: Sie verlieren schlicht ihr Recht zu wählen. Und *sie erfahren es nicht*, weil das Crosscheck-System dem Bürger nicht mitteilt, warum er oder sie das Wahlrecht verloren hat. Es gibt also keine Möglichkeit, sich dagegen zu wehren. In den meisten Fällen wissen die Wähler ja nicht, dass ihre Stimme flöten ist, bis der Wahltag kommt. Dann haben sie Pech gehabt.

Die Farbe gewöhnlicher Namen

Warum aber sich diese Mühe machen? Warum Millionen von Dollar ausgeben, um Wähler mit gewöhnlichen Namen aus dem Wählerregister zu tilgen? Die Antwort kommt von den Statistikern. Schauen Sie sich die Namen an: James Brown, David Wong, Maria Hernandez und so weiter. Die gewöhnlichsten Namen in Amerika gehören Afroamerikanern, Latinos und asiatischen Amerikanern.

Ich habe die häufigsten Namen der Rangliste des US-Statistikamts überprüft. Von den 100 verbreitetsten Namen in Amerika gehören 85 mit überwältigender Mehrheit farbigen Wählern, Angehörigen ethnischer Minderheiten. Zum Beispiel tragen 1 534 000 Amerikaner den Nachnamen Williams, der dritthäufigste Nachname Amerikas. Und die Mehrheit dieser Leute ist schwarz. Die Chance, schwarz zu sein, wenn der Nachname Jackson lautet, ist viermal größer als die Wahrscheinlichkeit, weiß zu sein. Dass so viele Afroamerikaner dieselben Namen tragen, ist ein Erbe der Sklaverei – ein Erbe, das Crosscheck auf subtile Weise ausnutzt, um Schwarze aufs Korn zu nehmen und aus dem Wählerregister zu tilgen.

Es gibt beinahe eine Million Amerikaner namens García, und es überrascht nicht, dass 95 Prozent von ihnen lateinamerikanischer Herkunft sind. Es gibt 310 125 Amerikaner namens Nguyen; 99 Prozent von ihnen sind asiatische Amerikaner.

Tatsächlich ist Crosschecks Verdächtigenliste so umfassend, dass sie in den 29 Crosscheck-Staaten einen von acht Latinos, einen von acht asiatischen Amerikanern und einen von sieben Afroamerikanern erfasst und mit dem Verlust des Stimmrechts bedroht.

Mit anderen Worten, Crosschecks Suche nach Entsprechungen von Vor- und Zunamen ist ein brillanter Weg, farbige Wähler auszusortieren. Dieses »lachhafte« Computerprogramm schließt mehr Afroamerikaner, asiatische Amerikaner und Latinos vom Wahlrecht aus, als sich der Ku Klux Klan je hätte träumen lassen.

Aber während der Klan Kreuze verbrannte und sich unter weißen Laken versteckte, kommt diese neue Methode des Wahlrechtsentzugs in Form von Computertabellen daher. Lynchen läuft heute per Laptop.

Warum sollten die Republikaner das tun? Warum sollte die politische Partei, die von Abraham Lincoln gegründet wurde, ethnische Minderheiten angreifen?

Es ist schlichte Arithmetik. Hier ist die Farbe des amerikanischen Abstimmungsverhaltens im Jahr 2008:

- 71 Prozent der Latinos wählten
  die Demokratische Partei.
- 73 Prozent der asiatischen Amerikaner wählten
  die Demokratische Partei.
- 84 Prozent der amerikanischen Indianer wählten
  die Demokratische Partei.
- 93 Prozent der Afroamerikaner wählten
  die Demokratische Partei.
- Aber nur 39 Prozent der Weißen wählten
  die Demokratische Partei.

In nur 20 Jahren hat sich die Zahl der *nicht*-weißen Wähler nahezu verdoppelt und beträgt nun ein Viertel des Wahlvolks. Und bei der letzten Wahl fiel die Zahl der weißen Wähler tatsächlich um zwei Millionen. Mit anderen Worten …

3.

Lynchen per Laptop

Mit anderen Worten …:

Es gibt schlicht nicht genug weiße Kerle, um Donald Trump ins Weiße Haus zu wählen – noch irgendeinen anderen Republikaner, was das angeht … es sei denn, die Republikanische Partei fände einen Weg, nicht-weiße Bürger von der Wahl auszuschließen. Daher »Crosscheck« und die anderen neun Tricks, um bestimmten Wählern ihr Stimmrecht zu nehmen.

In praktisch jedem Fall heben die Tricks direkt darauf ab, die farbige Bevölkerung von den Wahlen auszuschließen (manchmal werden sie allerdings auch dazu benutzt, um Studenten die Stimme zu rauben, eine weitere demografische Gruppe, die leicht anzugreifen ist und die bei der Wahl die Demokratische Partei bevorzugt).

Sehr wenige Republikaner haben Vorurteile gegen schwarze Wähler. Tatsächlich war es die Demokratische Partei, die ein Jahrhundert lang im alten Süden der USA diskriminierende Gesetze und Bestimmungen (»Jim Crow«-Gesetze) erzwang und mit ihrer Hilfe die schwarzen Bürger vom Wählen abhielt. Heute haben die Republikaner kein Problem mit der Hautfarbe der Wähler – wohl aber haben sie ein praktisches Problem mit der Farbe der Minderheitenstimmen: Minderheiten wählen Blau – die offizielle Farbe der Demokratischen Partei.

Die Strategie der Republikaner ist also klar. Wie Karl Rove schrieb:

»Selbst ein kleiner Rückgang beim Anteil schwarzer Wähler würde den Gewinnvorsprung [der Demokratischen Partei] in North Carolina auslöschen.«

Rove konzentrierte sich auf North Carolina, weil nach dem amerikanischen Wahlsystem nur eine Handvoll Staaten den Ausschlag geben (Ohio, North Carolina, Florida und Virginia). Gewinne diese Staaten, dann wirst du Präsident.

Die erdrückende Schlüsselstellung dieser Wechselstaaten ist die Folge des merkwürdigen Systems des »Wahlmännerkollegiums«. Nach diesem System gewinnt ein Kandidat, der einen Staat auch nur mit einer einzigen Stimme gewinnt, die gesamten »Wahlmänner« und »Wahlfrauen« dieses Staates.

So geschah es, dass George W. Bush Präsident wurde, indem er im Jahr 2000 Florida mit 537 Stimmen Vorsprung gewann. Es spielte keine Rolle, dass er Kalifornien mit weit über einer Millionen Stimmen verlor und landesweit mit mehreren Millionen Stimmen hinter Al Gore zurücklag.

Natürlich geht es den Stimmendieben um mehr als bloß das Weiße Haus: Auch die Mehrheiten im US-Senat und dem Repräsentantenhaus lassen sich mit ein bisschen Einbruchsdiebstahl in den Wahllokalen verschieben.

Wieso kommen sie damit durch?

Wie kommt es, dass niemand Zeter und Mordio schreit? Wieso hat niemand bemerkt – oder sich darum geschert –, dass Zehntausende von Wählern von dem Programm Crosscheck fälschlich als »kriminelle Doppelwähler« aussortiert wurden?

Wieso hat sich damals, im Jahr 2000, niemand darüber aufgeregt, dass der Präsident nicht von den Wählern, sondern durch die computerisierte Säuberung schwarzer Männer aus dem Wählerregister ins Amt gewählt wurde, die fälschlich als Kriminelle gekennzeichnet wurden?

Wie konnte Bush damit im Jahr 2000 ungestraft davonkommen, und wie können – bis jetzt – Rove und andere bei der Wahl 2016 damit durchkommen? Wieso also lässt man ihnen allen diese Wahlmanipulationen durchgehen? Es gibt fünf Gründe, warum der Stimmendiebstahl in den USA jedes Jahr schlimmer wird.

Grund Nr. 1: Die Hautfarbe der Opfer

Wenn man reiche weiße Wähler beschuldigen würde, verurteilte Kriminelle zu sein, würde durch die Country Clubs und Vorstandsetagen und Redaktionsräume der Vereinigten Staaten ein Aufschrei der Empörung schallen. Aber schwarze Männer zu beschuldigen, kriminell zu sein … nun, da nimmt man eben an, dass da wohl etwas dran sein *muss*. Kein weißer Politiker in Florida, nicht einmal einer von den Demokraten, stand für jene schwarzen Wähler auf, die von der Bush-Familie aus den Wählerlisten entfernt wurden.

Und das schließt Al Gore ein, der kein Wort darüber verlor, obwohl er Präsident geworden wäre, wenn man ihre Stimmen gezählt hätte. Weiße Politiker beider Parteien fürchten sich davor, den Eindruck zu erwecken, »sie« – die farbigen Wähler – zu verteidigen. Selbst Barack Obama schwieg sich beharrlich aus über Rassendiskriminierung bei den Wahlen, bis er sicher in seine zweite Amtszeit gewählt war.

Grund Nr. 2: Die Demokraten tun es auch

Es ist traurig. Es ist krank. Es ist ekelhaft. Aber die Demokraten beteiligen sich ebenfalls daran, die Stimmen der Minderheiten wegzuwischen. Warum? Weil sich konkurrierende demokratische Kandidaten gerne zu Erschießungskommandos im Kreis aufstellen. Die Demokraten halten im Allgemeinen die bösartigsten »Vorwahlen« ab, die erbittertsten Kämpfe darum, wer die Partei bei der nächsten Wahl vertreten soll. Demokraten mögen nicht so viele Schwarze ausschließen wie die Republikaner, aber sie stehlen, wie die in diesem Buch angeführten Beispiele zeigen, genug Stimmen, dass sie zu Komplizen werden – und damit zum Schweigen verurteilt sind.

Grund Nr. 3: Die Kastration des Wahlrechtsgesetzes

Vor 50 Jahren verfolgte die Welt, wie Martin Luther King jr. eine Menge schwarzer Demonstranten über eine Brücke in Selma, Alabama, führte. Die Marschierer wurden erst blutig geschlagen, verhaftet und eingesperrt, nur weil sie ihr Wahlrecht einforderten. Aber als der Marsch beim dritten Anlauf schließlich 80 Kilometer weiter in Montgomery, der Hauptstadt Alabamas, eintraf, hatten King und seine Marschierer die Sympathie der Welt und Amerikas Respekt gewonnen. Vor allem aber erreichten sie die Verabschiedung eines neuen Gesetzes, des Wahlrechtsgesetzes (Voting Rights Act), das allen Amerikanern ganz gleich welcher Hautfarbe das Recht zu wählen garantierte.

Dann, kürzlich, im Jahr 2013, kippte ein fanatisch rechtsgerichteter Oberster Gerichtshof die entscheidenden Passagen dieses Wahlrechtsgesetzes, die eine

Änderung der Wahlgesetze der einzelnen Bundesstaaten von der Zustimmung des Bundes abhängig machten, insbesondere um die Diskriminierung von Minderheiten zu verhindern. Als Folge sind heute der Macht der Politiker, die Rechte schwarzer, lateinamerikanischer und asiatischer Wähler zu beschneiden, nur wenige Schranken gesetzt. Tatsächlich hätte sich das Programm Crosscheck unmöglich über die Vereinigten Staaten ausbreiten können, wenn das Wahlrechtsgesetz nicht zerschlagen worden wäre.

Grund Nr. 4: Das Geld

Um den eigentlichen Grund zu verstehen, warum farbige Wähler so leicht ihr Wahlrecht einbüßen, muss man nur der Spur des Geldes folgen. Farbige Wähler sind im Allgemeinen die ärmsten Amerikaner – und diejenigen, die alles daransetzen, ihre Stimmen zu stehlen, sind die reichsten. In der Frage des Wahlrechts werden die Armen kaum gehört, die Reichen besitzen die Medien und die Fähigkeit, alle Proteststimmen zum Verstummen zu bringen.

Wer genau bezahlt den Stimmenraub? Sehen wir uns Crosscheck an. Das Programm wird vom Innenminister von Kansas, einem Republikaner namens Kris Kobach, betrieben. Kobach ist der führende Unterstützer von Donald Trump in Kansas. Vor allem aber war er Justiziar einer Kleinstadt in Texas namens Farmers Branch. Irgendwie brachte es dieses kleine Nest zuwege, Kobach 100 000 Dollar für die Ausarbeitung berüchtigter immigrationsfeindlicher Rechtsverordnungen zu zahlen. (Sie wurden mittlerweile von den Gerichten als vorurteilsbelastet und verfassungswidrig kassiert.)

Wer also bezahlte Kobachs Honorar? Das Geld wurde durch eine Organisation namens Immigration Reform Legal Institute geschleust, die ihrerseits von einer Gruppe namens Donors' Trust finanziert wurde. Donors' Trust wiederum wird von den Milliardären Charles und David Koch unterstützt. Wer die sind? Geduld, für sie ist hier ein eigenes Kapitel reserviert.

Das Wichtige ist, dass hinter Kobach, Crosscheck und der »Doppelwähler«-Hysterie rechtsgerichtete Milliardäre mit massivem Einfluss auf die Medien stehen.

Und wie wurde das Wahlrechtsgesetz beerdigt? Das Verfahren gegen Martin Luther Kings Gesetz wurde von der Kleinstadt Shelby in Alabama angestrengt. Und wo hatte das kleine Shelby die Millionen von Dollar her, um einen Fall vor den Obersten Gerichtshof zu bringen? Sein Angriff auf das Wahlrechtsgesetz wurde vom Project on Fair Representation bezahlt. Und hinter dem Project on Fair Representation steht, wieder einmal, Donors' Trust – finanziert von den Gebrüdern Koch.

Doch es war nicht genug, Dr. Kings Gesetz vor Gericht zu Fall zu bringen. Die Lobbyarbeit gegen das Wahlrechtsgesetz wurde vom Manhattan Institute angeführt. Und wer ist der Vorsitzende des Manhattan Institute? Der Aasgeier: Milliardär Paul Singer. Dieser Vogel bekommt ebenfalls ein eigenes Kapitel.

Grund Nr. 5: Die Stimmendiebe sind selbst zuständig für die Untersuchung des Verbrechens
Als die Vorsitzende des George-Bush-Wahlvereins in Florida, Katherine Harris, in ihrer Eigenschaft als

Innenministerin dieses Bundesstaats die Wahl von 2000 für Bush stahl, war kurz darauf Präsident Bushs Justizministerium für die Untersuchung des Verbrechens zuständig. Das ist, als wäre ein Bankräuber zugleich Chef der Polizei. Stimmendiebstahl ist das perfekte Verbrechen: Der Kriminelle gewinnt das Recht, die Untersuchung selbst zu führen.

■ ■ ■

Ich möchte eines klarstellen: Ob ein Demokrat oder Republikaner zum Präsidenten gewählt wird, geht mich nichts an. Als Journalist vermeide ich es, mit den Kandidaten der einen oder anderen Partei zu kuscheln. Ich bin Reporter, und es ist nicht meine Aufgabe, die Demokratische Partei zu beschützen. Aber das zarte Pflänzchen der *Demokratie* zu beschützen, das bedeutet mir sehr viel.

4.

Wie man eine Wahl stiehlt

Paul Maez, genannt Pecos Paul, stellte fest, dass sein Name im Wählerregister seines Heimatorts San Miguel in New Mexico fehlte. Wie konnte das geschehen? Pecos erzählte es mir: »Ich weiß es nicht genau, *und ich bin der Wahlleiter.*«

In einem Latino-Wahlbezirk von New Mexico wählte keiner der Bürger einen Präsidenten. Hunderte gaben ihre Stimme ab, aber *jeder Wahlzettel war leer.*

2004 gab es in New Mexico insgesamt 19 000 leere oder merkwürdig zerrissene Wahlzettel. Das Seltsame daran: 89 Prozent, neun von zehn dieser ungültigen Stimmzettel, waren von Latinos wie Maez, Afroamerikanern oder Indianern abgegeben worden. George Bush gewann den Staat mit weniger als 6000 Stimmen.

In Reaktion auf Katherine Harris' Massensäuberung unschuldiger Wähler, die sie als »Straftäter« aus dem Wählerregister Floridas schmiss, bekundete George W. Bush, der durch diese außer Rand und Band geratene Stimmenvernichtung ins Amt gewählte Präsident, seine Absicht, das Wahlsystem zu »reformieren«. Das Ergebnis: ein Gesetz mit einem Namen, der den Amerikanern »Hilfe« bei der Wahl versprach: Help America Vote Act (HAVA), entworfen von Bush-Berater Karl Rove. Wenn Rove Ihnen erzählt, dass er Ihnen beim Wählen »helfen« will, *passen Sie gut auf!*

(Hilfestellung bekam Rove vom Hauptinitiator des Geset-

AB DEM 1. JANUAR 2006 DURFTEN DIE INNENMINISTER ALLER 50 US-STAATEN WÄHLERREGISTRIERUNGEN ZURÜCKWEISEN.

ABGELEHNT

zes, dem republikanischen Kongressabgeordneten Bob Ney und dessen Freund Jack Abramoff. Weil die beiden ein paar Präsente für Abramoffs Klienten in das Gesetz eingebaut hatten, kamen Abramoff und Ney ins Gefängnis. Rove ist noch immer auf freiem Fuß.)

Was sollte die »Reform« bewirken? Das Gesetz Help America Vote *schreibt nun jedem Innenminister der 50 amerikanischen Bundesstaaten vor*, es wie Katherine Harris zu machen: die Wählerlisten zu zentralisieren und zu digitalisieren, um sie dann zu »pflegen«, das heißt mit Hilfe derselben verdächtigen Software-Algorithmen »illegale« Wähler aufzuspüren, zu säubern, zu blockieren, zu löschen und verschwinden zu lassen.

Es spielt keine Rolle, dass die Zahl der »illegalen« Stimmabgaben in Amerika statistisch gar nicht nachweisbar ist. »Ihre Chancen, vom Blitz getroffen zu werden, stehen weit höher, als eine Person ohne Staatsbürgerschaft zu finden, die an einer Wahl teilgenommen hat«, sagte mir die Expertin Dr. Tova Wang. Es ist *sechzigmal* wahrscheinlicher, vom Blitz getroffen zu werden (ich hab's überprüft).

Seit 2006 wurden über 100 000 Personen aus den Listen entfernt – und das allein in Arizona –, weil diese Wähler ihre Staatsbürgerschaft nicht nachweisen konnten. Was ist mit der Tatsache, dass *jeder Einzelne* dieser Amerikaner de facto Staatsbürger ist, *häh …!?* 2012 reichte der Stammesrat der Hopi-Indianer Klage ein, weil die Hopi schon Bürger von Amerika waren, bevor es Amerika gab, deshalb haben nicht viele von ihnen einen Beweis dafür, außer antike Pfeilspitzen. Können Sie erraten, wie hoch wohl die Wahrscheinlichkeit ist, dass Sie aus einem amerikanischen Wahllokal geschmissen werden, wenn Sie Latino sind? Wenn Ihre Antwort lautet: »500 Prozent höher als bei Weißen«, gewinnen Sie eine fehlerhaft ausgestanzte Stimmlochkarte – die natürlich nicht gewertet wird. (Der Gewinner ist die vorsitzende Richterin des US-Distriktgerichts von Arizona, die diese Feststellung traf, bevor sie den Offiziellen von Arizona die Verfassung vorlas. Das Aussortieren der »Braunen« geht indes weiter.)

In Colorado, ein weiterer Staat mit wechselnder Wählermehrheit, nutzte der republikanische Innenminister die neuen Machtbefugnisse des Help America Vote Act, um einen von fünf Wählern aus dem Wählerregister des Staates zu tilgen (19,4 Prozent), das entspricht dem doppelten Stimmenvorsprung Barack Obamas bei den Wahlen von 2008. Warum? Keine Ahnung. Bemerkenswerterweise klang die überwältigende Mehrzahl der getilgten Namen lateinamerikanisch. Ich flog für die BBC nach Colorado, um es herauszufinden, aber der Innenminister sperrte mich aus seinem Büro aus und nahm keine Anrufe von uns entgegen.

In Florida war Mr. Burney Way 2008 von der Wählerliste entfernt worden, weil er im Jahr 2029 für ein Schwerverbrechen verurteilt worden sein wird. Ich fand Hunderte solcher zukünftiger Krimineller, die aus den Wählerlisten Floridas getilgt worden waren. Miss Bobbie Moore wurde als der Straftäter »Robert Moore« identifiziert – offenbar wird sie sich vor Verübung ihrer Straftat noch einer Geschlechtsumwandlung unterziehen. Natürlich ist das Einzige, was sie/er nicht ändern wird: die Hautfarbe. Neben dem Namen der beiden Moores auf der Wählerrauswurfliste steht nämlich: BLA, das heißt *black*. Schwarz, wie die Mehrzahl der Leute, die fälschlich ihr Stimmrecht verloren haben. Hier ein typischer Ausschnitt einer Säuberungsliste aus Florida, die uns in die Hände fiel:

Wenn Sie glauben, dass sich etwas gebessert hat, seit wir im Jahr 2000 die Methoden von Katherine Harris enthüllten, täuschen Sie sich: Republikanische Offizielle stellten diese Säuberungsliste auf, lange nachdem Harris aus dem Amt geschieden war. Die Listen, die Florida, Georgia und Colorado benutzen, sind effektiver zur Säuberung schwarzer Bürger aus den Wählerregistern als alle Einschüchterungen, mit denen früher der Ku Klux Klan, in weiße Laken gehüllt, Schwarze von den Wahllokalen abschreckte.

...

Nur 19 von 100 US-Bürgern lateinamerikanischer Herkunft sind in den USA registriert. Aber nicht, weil sie es nicht versucht hätten. Beispiel: Die Anträge von 42 Prozent der Wähler, die sich in Kalifornien registriert hatten oder dachten, sich registriert zu haben, wurden vom republikanischen Innenminister abgelehnt, und diese zurückgewiesenen Amerikaner waren, wie uns seine demokratische Nachfolgerin Debra Bowen mitteilte, überwiegend Leute mit »ungewöhnlichen Namen« – vietnamesische, lateinamerikanische, philippinische –, das heißt »ungewöhnlich« für Republikaner.

Die Chance, sich in den USA erfolgreich als Wähler

Säuberung: Tilgung von Wählernamen aus den Wählerlisten, gewöhnlich durch computerisierten Namensabgleich mit falschen Zuordnungen, sodass rechtmäßige Wähler als »Straftäter«, »verstorben«, »doppelt registriert« oder »unzurechnungsfähig« gekennzeichnet werden. Diese Verletzung der Bürgerrechte wird gewöhnlich von kriminell zurechnungsfähigen Innenministern der Bundesstaaten begangen.

zu registrieren, wählen zu gehen und mit der abgegebenen Stimme auch wirklich in die Wahlauszählung zu kommen, ist direkt proportional zur Menge des Melanins in der Haut Ihrer Vorfahren. Es war ein Bürgerkrieg nötig, um die amerikanische Verfassung mit einem Zusatz zu versehen, der die Beschränkung des Wählens nach Hautfarbe verbietet (15. Zusatzartikel zur Verfassung der Vereinigten Staaten, verabschiedet 1870). Es ging fast im Nu, die Ergebnisse des Bürgerkriegs wieder rückgängig zu machen und farbige Wähler durch eine ganze Bandbreite von Maßnahmen zur Gewährleistung der »Wählerintegrität« – ersonnen vom Ku Klux Klan und der Demokratischen Partei – praktisch wieder von der Wahl auszuschließen. Ein weiterer, in den 1960er Jahren ausgetragener Bürgerkrieg, der weniger blutig verlief, aber nicht ohne Märtyrer blieb, zielte abermals darauf, die Apartheid in Amerikas Wahlsystem abzuschaffen.

Heute, im 21. Jahrhundert, sind die großen Hexenmeister zurück, um die Tür zu den Wahllokalen zu versperren und die Bürgerrechtsbewegung zurückzudrängen, nur dieses Mal nicht mit weißen Laken über den Köpfen, sondern mit Tabellen. Die farbigen Wähler werden mit dem Laptop gelyncht. Heute baut Karl Rove im Auftrag des republikanischen Parteivorstands »DataTrust« auf, die größte jemals erstellte Datenbank, die jeden amerikanischen Wähler und potenziellen Wähler enthält.

Um eine Wahl zu gewinnen, braucht man Stimmen. Man kann aber auch genauso gut dem Gegner Stimmen wegnehmen. Es kostet Geld, Wählerstimmen zu gewinnen, und das Gleiche gilt, will man Wählerstimmen verschwinden lassen. Die Säuberung und Blockade von Wählern im großen Stil – von Tausenden und Millionen von Registrierungen und Stimmabgaben – ist kein Pappenstiel. Es ist ein komplexes und sehr, sehr kostspieliges Unterfangen. Karl Roves »gemein-nützige« Organisation Crossroads sammelte eine Viertelmil-lion Dollar für ihre digitale Diskriminierungsmaschinerie.

Wissen Sie, wenn Karl seine Computer mit Programmen zur Erstellung von Persönlichkeitsprofilen ausrüsten möchte, die selbst den Neid des KGB erwecken würden, um auf diese Weise gezielt Wählergruppen anzusprechen und ihre Stimmen zu gewinnen, nun, so sei er gesegnet, das ist Demokratie.

Doch angesichts von Roves Vergangenheit (wir kommen in Kürze auf diese schmutzigen Geschichten zurück) müsste man schon ein Narr oder einer seiner Büttel sein, um zu glauben, dass er die Fähigkeit zur Massendatenanalyse nicht für sein Vorhaben verwenden wird, Amerika vor betrügeri-schen Wählern zu schützen, indem er »verdächtige« Bürger identifiziert und ihre Wahlberechtigung in Zweifel zieht. Und die Wähler, die Rove am meisten unter Verdacht hat, sind nicht allzu weiß oder allzu reich.

Es ist mehr als beunruhigend, dass der erste Geldgeber von »Rove-bots« Datenbank- und Wahlkampfoperation binnen Tagen nach dem Urteil im Prozess *Citizens United* der Milliardär Kenneth Langone war. Langone kennt sich mit Datenbanken bestens aus. Es war die von Langone finanzierte Datenbankfirma ChoicePoint Inc., die Katherine Harris die Liste mit den falschen »Straftätern« lieferte, mit deren Hilfe sie im Jahr 2000 unschuldige schwarze Wähler aus dem Register Floridas löschte.[1]

---

1 Langone hatte kaum finanzielle Interessen am Datenbank-Management, dafür interessierte er sich brennend für die Beseitigung des Verbots des Insi-derhandels und der Börsenmanipulation. Nachdem der New Yorker General-staatsanwalt Eliot Spitzer eine Zivilklage gegen Langone wegen Marktmani-pulation angestrengt hatte, stand offenbar Mr. Langone hinter der Enthüllung,

Nun hat Big Brother Rove heftige, wenngleich freundliche Konkurrenz von den Bigger Brothers Charles und David Koch erhalten, die ein Projekt zur Massendatenanalyse namens Themis aus der Taufe gehoben haben. Um Themis zur Anwendung zu bringen, haben die Kochs ihre eigene mit einer Viertelmilliarde Dollar finanzierte Initiative auf die Beine gestellt: Americans for Prosperity.

Und die Demokraten? Die spielen immer noch mit ihren Floppydisks.

Der eine halbe Milliarde Dollar teure Wählerknast von Rove und den Erdölbrüdern Koch ist eine Anzahlung auf eine neue Antibürgerrechtsbewegung. Amerikas Wahlapartheid ist nun digitalisiert. Insgesamt können wir erwarten, dass in diesem Jahr weitere sechs Millionen Wähler wegen des Verbrechens des »Wahlbetrugs« still und heimlich ausgesondert und durch die koordinierten Operationen privat und staatlich finanzierter Diskriminierungssoftware ihr Wahlrecht einbüßen werden. Sie sind nicht schuldig; die Software ist es.

Technisch gesehen sind die sogenannten Super-PACs, das heißt die Wahlkampfsammeltöpfe, in die interessierte Kreise der Wirtschaft gewaltige Summen pumpen, und die zur verdeckten Wahlkampffinanzierung gegründeten »Wohltätigkeits«-Organisationen von einzelnen Kandidaten unabhängig. Man kann sie sich als so etwas wie die heimliche bewaffnete Arme der Wahlkämpfe vorstellen. (Und tatsächlich üben die Kandidaten nicht wirklich die Kontrolle über die Leute von den Political Action Committees (PACs) aus; diese kontrollieren vielmehr die Kandidaten.)

---

dass Spitzer die Dienste von Prostituierten in Anspruch nahm. Vgl. »Elitot's Mess« unter www.GregPalast.com.

5.

Die Wahlen-GmbH

In den alten Tagen, vor der Entscheidung des Obersten Gerichtshofs im Prozess *Citizens United* 2010, betrug die Höchstgrenze für legale Spenden an einen Präsidentschaftskandidaten 2000 Dollar. Und um damals einem Kandidaten legal Geld spenden zu können, musste man 1.) einen Vor- und Nachnamen haben, 2.) Bürger der Vereinigten Staaten sein und 3.) Sauerstoff atmen.

Dann, 2010, riss das Urteil des Obersten Gerichts (gefolgt von einem vorinstanzlichen Urteil im Prozess *SpeechNow. org gegen FEC*) die Mauer zu geheimen politischen Wahlkampfspenden ein. »Juristische Personen« – kopflose, herzlose Kreaturen, die Unternehmen, Gesellschaften, Konzerne genannt werden – konnten nun Geld für Wahlkämpfe spenden. Und anders als gewöhnliche Sterbliche sind diese Wirtschaftskreaturen nicht auf 2000 Dollar beschränkt.

Weniger bekannt in dem Trubel um die Rechtspersönlichkeit von Unternehmen war, dass die Urteile in den *Citizens*- und *SpeechNow*-Verfahren nicht nur Spenden ohne Gesicht und Namen, sondern auch politische Spenden von Ausländern erlaubten. Der Zuchthäusler Charles Manson darf nicht wählen, aber Manson Inc., die Al-Qaida GmbH und Putin & Co. dürfen im TV-Sender Fox negative Wahlkampfspots schalten.

Und vielleicht haben sie das sogar getan.

Kaum war das Urteil im *Citizens*-Prozess gesprochen, da

zückten Milliardäre ihre Kreditkarten und gingen auf Einkaufstour.

Was wollen diese Milliardäre? Was wollen Menschen, die schon alles haben? Nun ja, den Kongress, als Geschenk verpackt, wenn Sie so freundlich wären. Das Weiße Haus wäre noch besser.

Ihr erster Kauf nach dem *Citizens*-Urteil 2010: der 112. Kongress, gewählt in jenem November. Normalerweise ist ein Sitz im Kongress so etwas Ähnliches wie eine Verurteilung zu lebenslänglich, eine freilich recht angenehme Strafe. Bis 2010 betrug die Wiederwahlquote bei den Abgeordnetensitzen im Repräsentantenhaus 90 Prozent. Aber 2010 wurden amtierende Abgeordnete der Demokraten von einem diarrhöischen Schmutz-Tsunami diffamierender Fernsehspots hinweggespült, bezahlt von neuen Super-PACs und steuerbefreiten sozialen Wohltätigkeitsorganisationen. Roves Organisation American Crossroads trug ihr Teil dazu bei, indem sie 25,8 Millionen Dollar ausgab, überwiegend für Fernsehspots, die auf die politischen Positionen demokratischer Kandidaten für den Kongress eindroschen.

Es gibt Berge von Geld, die für unfreiwillige Schönheitsoperationen am Gesicht des Gemeinwesens aufgewendet werden. Man kann die Summen im Internet nachschauen (www.opensecrets.org) und (einige) der Namen. Aber was *wollen* diese Leute?

2012 spendete der Milliardär Paul »der Aasgeier« Singer eine Million Dollar an den Super-PAC Restore Our Future. Das taten auch John Paulson (ebenfalls ein Milliardär), Julian Robertson (Milliardär), Bill Koch (Milliardär). Noch ein halbes Dutzend weiterer reicher Typen berappten ebenfalls Millionen an Restore Our Future. Und eine Million Dollar kam von etwas mit dem Namen »F8 LLC«. Verfügbare Daten weisen darauf hin, dass F8 ein geschätztes Einkommen von nur 87 000 Dollar im Jahr hat. Die Millionenspende muss also ein echtes Opfer gewesen sein. Als »Geschäftsinhaber« wird Mr. Diego Villasenor aufgeführt. Kein Foto, daher startete ich eine Google-Bildsuche nach dem F8-Mann und fand dies:

Ob das der *echte* Mr. Villasenor ist oder ob es einen echten Don Diego *gibt* oder ob er ein Quechua-Indio aus Peru ist, der glaubt, dass Fotos seine Seele stehlen, oder ob er überhaupt eine Seele hat, nun, das spielt einfach keine Rolle. Worauf es ankommt, ist das Kürzel »LLC«, das für Limited Liability Corporation steht, zu Deutsch: Gesellschaft mit beschränkter Haftung. Und gemäß dem *Citizen*-Urteil bedeuten die Buchstaben LLC, dass F8 LLC unbegrenzte Millionenbeträge für politische Anzeigen und Spots spenden darf – und der Name des Eigentümers von F8, ob er wirklich Diego lautet, seine Nationalität oder sogar, ob er in Reno, nur so zum Spaß, einen Mann umgelegt hat, *geht Sie einen feuchten Dreck an.*

Und was ist Restore Our Future? Nun, es ist eine Art Wahl-kampf-Todesstern, der vernichtende Geldstöße aussenden kann, um Kandidaten zu beschädigen und aus dem Feld zu schlagen, die sich dem Wählerwillen von Paul »dem Aas-geier« Singer, F8, Bill Koch (Spende von zwei Millionen Dollar) und anderen Milliardären entgegenstellen.

Allein in den ersten Monaten 2012 liefen 56 Millionen Dollar durch den Gelddickdarm von Restore Our Future, um damit alle Gegner von Mitt Romneys Bewerbung um die Präsidentschaftskandidatur mit Kot zu überziehen. (Offiziellen Angaben zufolge flossen 87,4 Prozent der Aus-gaben des Super-PACs in Hassbotschaften, das heißt Nega-tiv-TV-Spots und Telefonanrufe.)

Wer heutzutage ein Stück vom amerikanischen Wahlpro-zess kaufen möchte, muss Dutzende, wenn nicht Hunderte von Millionen Dollar in die Hand nehmen. Die Kochs muss-ten sich gar die Mühe machen, für ihre Freunde zu kochen, um an einem Abend im Skiort Vail 70 Millionen Dollar Spenden einzusammeln.

Die Dinnergäste der Kochs ließen sich dabei vom Gou-verneur von New Jersey, Chris Christie, unterhalten, der (wie eine heimliche Tonaufnahme bezeugt) mit seinen Wit-zen über die Kürzung von Pensionen und Lehrerstellen das Publikum vor Lachen zum Kugeln brachte.[2]

Christie erklärte dann, dass Gas- und Erdölunternehmen und eben die vor ihm sitzenden Milliardäre *Opfer* einer grausamen Regierung seien, die dem Herrn und seinem Gesalbten im Wege stünde:

---

2 Lauschen Sie selbst den Kochs und Christie in dem Film *Billionaires & Ballot Bandits* auf dem Tonmitschnitt, den sich Brad Friedman besorgte.

»Die machen nichts anderes, als immer weitere Regulierungen, Steuern und Lasten all jenen Leuten aufzubürden, die nur die Chance wollen, ihre gottgegebenen Talente und ihren Ehrgeiz und ihre Vision zu nutzen, um nach einem besseren Leben für sich zu streben und durch dieses das Leben anderer Menschen zu verbessern.«

Amen. (Aber nur zur Klarstellung: Es war nicht Gott, der den Koch-Brüdern ihre Talente gab, sie erbten sie von ihrem Vater Fred Koch, der sein Vermögen mit Erdölgeschäften mit Josef Stalin gemacht hatte.)

Kurz nach dem Dinner bei den Kochs schaltete eine verdeckt finanzierte Wohltätigkeitsorganisation namens Committee for Our Children's Future eine Reihe von TV-Spots, die Amerika daran erinnerten, dass Gouverneur Christie in New Jersey mehr Wunder wirkte als Jesus bei der Hochzeit zu Kana. Behalten Sie den Namen dieser um die »Zukunft unserer Kinder« besorgten Organisation im Gedächtnis: *Committee for Our Children's Future.*

Die Milliardäre, die pro Nase eine Million Dollar für ein Essen bei den Kochs hinblätterten, um deren Wohltätigkeitsverein Americans for Prosperity unter die Arme zu greifen, und die für die Unkosten von Paul Singers Dreckschleuder Restore Our Future aufkamen, wo ein Schuss in Form eines Schmutzwerbespots auch nicht unter einer Million Dollar zu haben war, verstanden wohl, dass sie sich damit nur einen Platz am Tisch kauften, nur den ersten Satz Jetons.

Aber warum spielen? Was wollen sie? Und, wie Butch Cassidy zu Sundance Kid sagte: »Wer *sind* diese Kerle?«

6.

Erdölporno:
Die XXXL-Pipeline

Wie alle großen amerikanischen Geschichten von Raubzügen großen Stils beginnt die Jagd nach einer Verbindung zwischen den Hunderten von Millionen Dollar und den fehlenden Stimmzetteln auf Indianerland. Ich recherchierte über Öldiebstahl im Reservat der Osage-Indianer in Oklahoma. Das war vor zwei Jahrzehnten. Die Osage waren bettelarm, aber sie bekamen ein paar Dollar, sagen wir dreißig pro Woche und Familie, für die Förderungsgenehmigung des bisschen Erdöls unter ihren Wohnwagen.

In der Ödnis der Wüste, wohin die Indianer von der US-Kavallerie vor langer Zeit vertrieben worden waren, fördern metallene »Nickesel«, dick eingefettete Gestängetiefpumpen, ein paar Barrel Erdöl pro Tag. Ein Saudi-Arabien ist es nicht. Es lohnt nicht einmal, Rohre dafür zu legen. Daher schlossen die Osage einen Vertrag mit der Koch Oil Company, um ihr Öl in Tankwagen abzutransportieren.

Ein argwöhnischer Stammesangehöriger und Störenfried – die Art von Störenfried, die mir gefällt – namens Stanlee Ann Mattingly beobachtete, wie der Lastwagen zum Beispiel 240 Barrel lud; der Fahrer schrieb jedoch nur 231 Barrel auf. In der folgenden Woche: 361 gefördert, 352 aufgeschrieben. So ging das Woche für Woche. Es ist auf Video festgehalten, gedreht von FBI-Agenten, die sich nach Mattinglys Beschwerde hinter Bäumen und in Gräben auf die Lauer legten.

Die Beamten folgten den Öltankern der Kochs zurück zur Verladestation, wo ein großer blonder Mann die Fahrer ermahnte, ihren »Überschuss« zu erhöhen, sonst könnten sie sich einen neuen Job suchen.

Der Mann, sagte ein Beamter meinem Team, hieß Charles Koch.

Damals musste ich meinen Lesern vom *Guardian* noch erklären, dass Charles Koch und sein Bruder David, denen Koch Oil gemeinsam gehört, die »reichsten Menschen sind, von denen Sie je gehört haben«. Und so gefiel es den Gebrüdern Koch. Sie betreiben Amerikas größtes privates Telefonnetz außerhalb der CIA und haben keine Aktionäre, daher sind ihre Berichte an die Börsenaufsicht dürftig, und Aktionärsversammlungen gibt es nicht.

Als ich mich in die Recherche stürzte, war ich bereits seit zwanzig Jahren investigativer Journalist im Bereich organisierte Kriminalität und Betrug. Kochs Motiv für das Abschöpfen des Öls war offenkundig: Er wollte das Geld. Aber für mich erreichte hier der Irrwitz ein ganz neues Niveau. Warum, um alles in der Welt, sollte Charles Koch, damals zwei Milliarden Dollar schwer, *drei Dollar* von einer armen Indianerin stehlen?

Das gab selbst seinen eigenen Handlangern Rätsel auf. Sein Angestellter Roger Williams fragte Koch, der über die Menge des »Überschusses«, die er eingesackt hatte, buchstäblich kicherte, warum der Milliardär sich die Mühe mache, den Osage-Familien das Taschengeld zu klauen.

Williams wurde abgehört, und die Erwiderung, von der er berichtete, blieb mir lange im Gedächtnis. Laut Williams antwortete Koch:

»Ich will meinen gerechten Anteil – und das heißt *alles*.«

Doch was will er *heute*? Koch will »*alles*«. Heute hat er 20 Milliarden und sein Bruder hat weitere 20 Milliarden. Was konnte ihnen im Jahr 2012 ein Präsident geben, das sie nicht bereits hatten?

Beginnen wir hiermit: die Keystone XL-Pipeline.

Die geplante XL-Pipeline sollte dickflüssiges, schmutziges Erdöl aus Teersand aus Alberta, Kanada, durch die gesamten Vereinigten Staaten bis nach Texas transportieren, mitten durch Amerikas ergiebigsten Grundwasserleiter. Gott verhüte, sollte ein solches Monstrum je gebaut werden, dass es platzt. Einige Wähler widersetzten sich, meist solche, die etwas dagegen haben, eine Entwicklung zu beschleunigen, die damit endet, dass wir unsere vergifteten Lungen in die anschwellenden Meere eines überhitzten Planeten auskotzen.

Der amerikanische Politiker und Schausteller P. T. Barnum sagte einmal sinngemäß: »Niemand hat je einen Dollar verloren, indem er die Intelligenz der amerikanischen Öffentlichkeit unterschätzte.« Noch, was das angeht, eine Stimme verloren. Die Petrokratische Partei (das heißt die Republikaner plus die Demokraten der ölproduzierenden US-Bundesstaaten) gab Präsident Obama die Schuld an hohen Benzinpreisen und kritisierte insbesondere sein Zögern, den Bau der XL-Pipeline zu genehmigen. Die XL-Pipeline, sagte Gouverneur Romney, würde Amerika unabhängig von ausländischem Öl machen. (Mr. Romney, Kanada ist kein Vorort von Seattle!)

Alle republikanischen Kandidaten verkündeten, dass sie – sogar ohne Verträglichkeitsstudie, sogar ohne die Route zu kennen oder überhaupt irgendetwas darüber zu wissen – die XL-Pipeline *sofort genehmigen würden*, falls sie gewählt würden, selbst wenn sie sich direkt in eine Kirche ergießen würde, die Heimstatt einer bedrohten Spezies ist. Der damalige republikanische Mehrheitsführer im Repräsentantenhaus, Newt Gingrich, hatte einen magischen Taschenrechner, mit dem er kalkulieren konnte, dass der Bau der XL-Pipeline plus weitere Ölbohrungen in den USA den Benzinpreis um über einen Dollar pro Gallone senken würden.

Der Angriff hatte auf die Öffentlichkeit sehr große Wirkung, obwohl ihm jegliche faktische Grundlage fehlte: Obama ist Präsident der Vereinigten Staaten, nicht Saudi-Arabiens, die Nation, die durch ihren Einfluss im OPEC-Kartell den internationalen Richtpreis für Erdöl festlegt. Ich mache Obama für vieles verantwortlich, aber der Benzinpreis und die Gesetze der Schwerkraft liegen jenseits seiner unmittelbaren Kontrolle.

Die wetteifernde Gier der Politiker nach Rohöl um jeden Preis ist mittlerweile nicht mehr als nur peinlich, sie ist geradezu pornografisch. Trotzdem, warum dieser ganze Enthusiasmus insbesondere für die XL-Pipeline? Schließlich gibt es noch eine Fülle von anderen wirklich saudummen und gefährlichen Energieprojekten, die der Kongress blind durchwinken könnte.

Die Progressiven mühten sich vergeblich, das Interesse der Koch-Brüder an der Pipeline oder an den kanadischen Teersänden zu ergründen. Aber sie blickten auf das falsche Ende der Röhre. Meine Frage war: *Warum, zum Teufel, wollen wir eine Pipeline verlegen, um Erdöl dreitausend Kilometer weit nach Texas zu pumpen? Das ist ein bisschen so, als würde man Kohle nach Newcastle oder ins Ruhrgebiet transportieren, nicht wahr?*

Die Antwort lautet: Flint Hills Resources in Corpus Christi, Texas – heute im Besitz von Koch Industries. Im März 2012 lag der Preis von importiertem Leichtöl aus Saudi-Arabien 18 Dollar höher als der Preis von importiertem Schweröl aus Venezuela. Raffinerien der Ostküste, die gezwungen waren, das saudische Premiumöl zu importieren, gingen bankrott, während die Golfküstenraffinerien wie die der Kochs massig Geld ausspucken – solange der Schwerölnachschub fließt.

Doch Texas drohte ein Ungemach, und sein Name lautete Hugo Chávez.

Raffinerien »knacken« nicht einfach jedes alte Rohöl, das man ihnen vorsetzt. Diese Drecksmaschinen sind tatsächlich sehr empfindlich und verlangen nach der richtigen Sorte Schmiere. Insgesamt gibt es 15 Raffinerien in Texas, die dafür ausgelegt sind, ausschließlich Schweröl zu verarbeiten.

Aber seit dem Fall des amerikanischen Imperiums spürten die Texaner nicht mehr Venezuelas Liebe noch die seines Präsidenten Chávez. Chávez sagte mir einmal, er hege außerordentlichen Respekt für Amerika, und zitierte eine lange Passage aus einem Gedicht von Walt Whitman. Doch das würde die Ölleute in Texas nicht beeindrucken, die glauben, »Whitman« sei eine Schokoladensorte, die zu billig ist, um sie ihren Mätressen mitzubringen. Man redet eindeutig aneinander vorbei. Schwerölimporte aus Venezuela in texanische Raffinerien sind seltener und teurer geworden.

Der einflussreiche rechte Prediger Pat Robertson gab in seiner TV-Show eine subtile Anregung: »Hugo Chávez glaubt, dass wir versuchen, ihn zu ermorden. Ich glaube, wir sollten loslegen und es tun … Das ist ein gefährlicher Feind in unserem Süden, der gewaltige Ölreserven kontrolliert.«[3]

---

3 Vgl. unseren Film *The Assassination of Hugo Chavez*, für LinkTV und

Chávez ist nun von uns gegangen, dennoch besteht für die texanischen Golfküstenraffinerien der Kochs weiterhin Bedarf, das »Schwere« aus Kanada heranzupumpen. Und das macht die XL-Pipeline notwendig.

Die beiden Brüder beschlossen, 750 Millionen Dollar in die Hand zu nehmen, um damit einen Demokraten aus dem Weißen Haus und von der geplanten Pipeline fernzuhalten. Daher gründeten sie Americans for Prosperity, »Amerikaner für Wohlstand«. Sie meinten ihren eigenen.

Democracy Now!, der auf Reportagen für BBC Television *Newsnight* basiert, unter http://www.gregpalast.com/store/?id=17.

7.

Der Aasgeier

Bei BBC Television in London ging ein Anruf für meine Vorgesetzten aus New York ein. Er kam von einem der Primitivlinge auf der Gehaltsliste des Milliardärs Paul Singer, dem größten Finanzier der Republikanischen Partei in New York, Spender eines Millionen-Dollar-Betrags für Mitt Romneys Super-PAC und einer der größten Geldgeber des republikanischen Senatswahlkampffonds, uns jedoch besser bekannt als Singer der Aasgeier.

»Wir haben eine Akte über Greg Palast.«

Tja, klar dass sie die haben.

Und ich habe eine Akte über *sie*.

Ich war gerade von einer Reise in den Kongo für die BBC und den *Guardian* zurückgekehrt. Singers Vollstrecker machte deutlich, dass Mr. Singer es vorzöge, wenn die BBC keine Story über ihn brächte – besonders nicht mit Filmmaterial über seine leidenden Opfer: an der Cholera erkrankte Kinder.

Wie jeder Aasgeier weidet sich Singer an seinen sterbenden Opfern. Buchstäblich. Zum Beispiel verdiente Singer einen Riesenbatzen mit dem Kauf der bankrotten Asbestfirma Owens Corning. Das Unternehmen hatte seinen Arbeitern verheimlicht, dass sie vom Umgang mit dem Produkt Asbestose bekommen konnten.

Man möchte nicht an Asbestose sterben. Die Lungen verwandeln sich zu Brei, und man ersäuft praktisch innerlich an den eigenen Körpersäften.

Die Asbestfirma war gezwungen, für die medizinische Behandlung Zehntausender ihrer Arbeiter aufzukommen und ihren Familien nach ihrem Tod Entschädigungen zu zahlen.

Aber Singer nutzte seinen politischen Einfluss, um die versprochenen Entschädigungen herunterzuschrauben. Er bot den Arbeitern Kleckerbeträge an, die sie, vom Tod gezeichnet, annahmen. Singer der Aasgeier bediente sich dabei des Knüppels der »Deliktsrechtsreform«, um die geschwächten Arbeiter willfährig zu prügeln. Als die Asbestarbeiter beerdigt oder billig abgespeist waren, waren Singers Asbestfabriken ein Vermögen wert … und Singer hatte sein erstes Wild zur Strecke gebracht.

Dann ging er nach Peru, wo es ihm gelang, durch ein brillantes Manöver, das so anrüchig war, dass es kein anderer wagte, die Kontrolle des gesamten Finanzsystems des Landes an sich zu reißen. Als der Schurke im peruanischen Präsidentenamt, Alberto Fujimori, die Zeit für günstig hielt, aus dem Land zu fliehen (kurz vor seiner Verhaftung wegen einer Mordanklage), ermöglichte Singer, wie mir der für den peruanischen Staat tätige Anwalt Mark Cymrot von der Kanzlei Baker & Hostetler erzählte, Fujimori die Flucht im Tausch dafür, dass der Obermörder des Landes dem peruanischen Finanzministerium die Anweisung erteilte, Singer 58 Millionen Dollar aus dem peruanischen Staatssäckel auszuzahlen. Singer hatte die Präsidentenmaschine in seine Hand gebracht; gegen das Lösegeld händigte er Fujimori die Schlüssel für sein Fluchtflugzeug aus.

Übrigens habe nicht ich Singer den Spitznamen »Aasgeier« gegeben. Seine eigenen Bankierskumpel waren es – mit Bewunderung in der Stimme.

Der Auslöser für den Drohanruf bei der BBC durch Singers Büttel war mein Filmbericht über die Kongos (es gibt zwei afrikanische Staaten, die »Kongo« heißen). In Westafrika war wegen des Mangels an sauberem Wasser eine Choleraepidemie ausgebrochen. Bei unseren Recherchen erfuhren wir, dass Singer mit zehn Millionen Dollar irgendwelche »Schuldtitel« der Republik Kongo aufgekauft hatte. Um diese zehn Millionen Dollar einzutreiben, hatte der Aasgeier damit begonnen, sich in den Besitz von Vermögenswerten des armen Landes im Wert von etwa 400 Millionen Dollar zu bringen.[4]

Sauberes Wasser für den Kongo? Vergessen Sie's – Singer und seine Geierkollegen haben sich alles unter den Nagel gerissen.

In Afrika sprach ich mit Winston Tubman, dem ehemaligen stellvertretenden UN-Generalsekretär. Er bat mich, den Aasgeier und seine Kumpane zu fragen: »Ist Ihnen klar, dass wegen Ihnen Kinder sterben?«

Es ist legal, es ist krank, es ist Singer.

Nun, legal ist es in der zivilisierten Welt nicht. In Großbritannien, Deutschland, den Niederlanden und vielen anderen Ländern sind Singers »Pfändungen« verboten. In Europa ist Singer ein Finanzbetrüger. Aber in den USA ist er eine Stütze der Gesellschaft, die »Arbeitsplätze« schafft.

Singer der Aasgeier bekommt haufenweise gute Presse, besonders in der *New York Times*, da der Leichenäser im Staat New York jedem Republikaner, der für die gleichgeschlechtliche Ehe stimmte, sein Scheckbuch öffnete. Halten

---

4 Wenn das kompliziert klingt, dann deshalb, weil es einem die heutigen Piraten und Raubritter nicht so leicht machen, ihre Intrigen zu entwirren. Die ganze Geschichte über Singer und seine Bande lesen Sie in *Frühstück für Aasgeier. Wie Ölbosse und Finanzhaie die Weltherrschaft erlangen* (München 2012) auf Deutsch, oder, mit einer Spende, auf Englisch: www.VulturesPicnic.org.

Sie das nicht für einen Akt selbstloser Courage, es war eher eine Art *droit du seigneur*, das Recht des Gutsherrn, die Jungfern seiner Ländereien zu deflorieren. Der Sohn des Aasgeiers wollte einen anderen Mann ehelichen, und so kaufte der Aasgeier die Gesetzgeber des Staates, um ihre Hochzeit zu genehmigen. (Dass fast alle Spenden Singers auf nationaler Ebene an Kandidaten flossen, die gegen die Schwulenehe eintraten, tja, das beweist nur, dass Geld dicker ist als Blut.)

Doch unter dem Deckmantel der guten Presse, die Singer dafür erhielt, dass er Republikaner finanziell dafür entlohnte, für soziale Rechte zu stimmen, hat sich seine Lobbyarbeit bei der New Yorker Legislative hundertfach ausgezahlt. Er nahm Einfluss auf den Gesetzgeber, um die Bestimmungen zur Berechnung von Zinsforderungen zu ändern, was seinem Kredithaigeschäft Hunderte von Millionen Dollar mehr vom Kongo verschaffen wird.

Aber der Beutezug des gierigen Aasgeiers stand kurz davor, gegen ein unerwartetes Hindernis zu fahren. Am 4. April 2012 zogen der Präsident der Vereinigten Staaten und seine Außenministerin in einem Gerichtssaal in Washington, D. C., Singer einen juristischen Knüppel über die Birne. Ohne öffentliche Bekanntmachung, ohne die sonst übliche Pressemitteilung und formuliert in einem derart abstrusen Kauderwelsch, dass es nur ein geisteskranker Journalist mit einem Juraabschluss der Universität von Chicago bemerkt hätte, nagelte das Justizministerium Obamas den Aasgeier an die Wand.

Es war Aschermittwoch, und Obamas Jungs schwangen den Hammer: Sie forderten ein US-Bundesgericht auf, Singer daran zu hindern, Argentinien zu schröpfen. Singer hatte das südamerikanische Land auf Zahlung von drei Milliarden Dollar verklagt – für Anleihen, die er für 50 Millionen Dollar gekauft hatte. Mit anderen Worten, er verlangte einen Profit von 6000 Prozent! Und dies für Altschulden, deren Erlassung Präsident Ronald Reagan bereits in einem Schuldenabkommen mit den größten US-Banken geregelt hatte. Aber Reagans Handel war für Singer und seinen Hedgefonds NML Capital nicht gut genug. Singer verklagte Argentinien vor einem US-Gericht auf Zahlung der *zehnfachen* Summe, die er im Rahmen von Reagans Abkommen bekommen hätte. Und um seinen Willen durchzusetzen, klagte der Aasgeier auch darauf, die Großbanken daran zu hindern, von Argentinien ihre von Reagan ausgehandelten Tilgungen zu erhalten.

Aber dann fuhr ein juristischer Blitz hernieder und machte dem Aasgeier den Garaus: Obamas Justizministerium und Hillary Clintons Außenministerium reichten als Amici Curiae, als »Freunde des Gerichts«, gemeinsam eine Stellungnahme in dem Fall *NML Capital et al. gegen Republic of Argentina* ein. Es war gar nicht so freundlich gemeint. Obama, Professor für Verfassungsgeschichte, war plötzlich wieder eingefallen, dass die Verfassung der USA dem Präsidenten die – einzigartige – Macht verleiht, den Aasgeier nach Strich und Faden zu rupfen.

Es war Singers Albtraum: Der Präsident der Vereinigten Staaten nahm seine außerordentliche konstitutionelle Machtbefugnis in Anspruch, um den Aasgeier und seine Hedgefonds-Kumpels daran zu hindern, aus den Leichen verzweifelter Nationen Riesenprofite zu reißen. In diesem juristischen, finanziellen und politischen Krieg geht es um hohe Einsätze, doch die wirkliche Schlacht bleibt vor der Öffentlichkeit verborgen. Es ist ein Titanenkampf zwischen Hillary Clinton und den reichsten Männern Amerikas, den

Hedgefonds-Milliardären, eine Schlacht um riesige Summen gänzlich jenseits des Blickfelds der Öffentlichkeit und der Presse.

Der argentinische Konsul rief mich aus Washington, D. C., an, verblüfft über Clintons Schritt. »Was zum Teufel ist da los? Haben Sie irgendwelche Infos?«

Ich antwortete, dass dieser Schritt weit, weit über Argentinien hinausgehe. Clinton teilte dem Gericht mit, dass der Aasgeier die Sicherheit des gesamten Weltfinanzsystems untergrabe, indem er jedes finanzielle Rettungspaket von Südamerika über Griechenland bis zum Kongo torpediere.

Hat Clinton den Mumm, bei ihrer Entscheidung zu bleiben? Und haben Singer und Konsorten in Zusammenarbeit mit Karl Rove ein Mittel, sich aus der Bredouille herauszukaufen?

Im Weißen Haus und in den Vorstandsetagen der Wall-Street-Türme wusste man *genau*, worum es geht. Beim Golf auf Martha's Vinyard war man sich einig, dass der Aasgeier in die Schranken gewiesen werden musste. Robert Wolf, mit Präsident Obama auf dem Grün in Cape Cod unterwegs, war wütend. Der Vorstand der United Bank of Switzerland, kurz UBS, hatte das Abkommen mit Argentinien ausgehandelt. Und Schweizer Bankiers erlauben niemandem, die Löcher auf ihrem Golfplatz zu verschieben.

Wolf hatte viele Wahlkampfspenden für Obama eingesammelt, dafür hatte ihn dieser in seinen »Rat für wirtschaftliche Erholung« berufen. UBS hat sich wirklich sehr schön erholt (mit Hilfe einer vorteilhaften Verständigung in einem Strafverfahren wegen Beihilfe zur Steuerhinterziehung).

Jetzt tun sich die Häuptlinge von UBS, JP Morgan und Citibank mit Obama und Clinton zusammen. Das Bank-Establishment betrachtet die neuen Aasgeier wie Singer als Berserker, als Terroristen im Helikopter mit entsicherten Handgranaten. Wenn Singers Forderungen nicht erfüllt werden, jagt er das Finanzsystem des Planeten in die Luft. In diesem Krieg der Titanen sind Obama und Clinton lediglich Fußsoldaten, keine Generäle. Hier kämpfen die auf Bankenmacht gestützten Milliardäre gegen die Spekulationsmilliardäre der Hedgefonds. Die einen sind gierig und beängstigend, die anderen gierig und schlichtweg gefährlich. Suchen Sie sich was aus.

Dies ist die wahre Schlacht dieser Wahlen: ein Krieg um die Kontrolle des Weltfinanzsystems, bei dem der Gewinner alles kriegt.

8.

Tausend 100-Dollar-Noten

Weder Singer der Aasgeier noch die Gebrüder Koch haben die Scheckbuchwahl erfunden.

1972 gab es für den amtierenden amerikanischen Präsidenten ein Wiederwahlkomitee namens CREEP (Committee for the Re-election of the President). Weil »creep« auf Englisch auch »Ekel« oder »Widerling« heißt, war es sozusagen das Ekelkomitee mit Oberwiderling Richard Nixon als Präsidentschaftskandidat.

Sie kennen die Geschichte vermutlich aus der Zeitung, wenn Sie damals schon geboren waren, oder aus dem Kinofilm *Die Unbestechlichen* über den Watergate-Einbruch.

Ich bekam die Story von einem der Kerle, die den Einbruch und die Vertuschung mitfinanziert hatten, einem Chicagoer Geschäftsmann. Bei Schnecken in einem exklusiven Lokal nur für Mitglieder hoch über der Michigan Avenue im Chicagoer Stadtteil Gold Coast erzählte er mir davon.

Ich hatte nie zuvor Schnecken gegessen, außer bei einer Mutprobe, und ich hatte noch nie eine Knoblauchzehe gesehen. Wo ich herkomme, ist Knoblauch ein Pulver in einem Plastikstreuer. Man tut es auf die Pizza.

Der Geschäftsmann schilderte mir alle Einzelheiten. Er hatte Jeb Magruder, Nixons schlüpfrigen kleinen stellvertretenden Wahlkampfdirektor, mindestens 50 000 Dollar in bar zugesteckt. Der Geschäftsmann war kein Republikaner, er war auch kein Demokrat. Er war erst Kommunist gewesen und war dann zum Zynismus gewechselt. Er hatte von Karl Marx gelernt, dass es jene gibt, die Wohlstand produzieren, und andere, die ihn konsumieren. Es lag für ihn auf der Hand, wofür man sich entscheiden sollte.

Jedenfalls war für Magruder das Bargeld für CREEP keine politische Parteispende, sondern eine Investition, und je widerlicher und illegaler ihre Verwendung durch die Männer des Präsidenten, desto besser. Die Republikaner würden mächtig in seiner Schuld stehen, schon begann die Rendite zurückzufließen: Der Geschäftsmann, Harold Palast, mein Onkel, erhielt zwei Eintrittskarten für den Amtseinführungsball, eine für ihn und eine für das Callgirl im Ballkleid, das die Republikanische Partei in seine Limousine gesetzt hatte, um ihm an dem Abend Gesellschaft zu leisten.

Die Republikaner legten für meinen Onkel noch eine Bankzulassung nach Bundesrecht obendrauf – bevor Magruder seine Haftstrafe antrat.

(Übrigens ist die Geschichte, die Watergate-Einbrecher hätten nach Beweisen für die Finanzierung von Nixons Widersacher durch Fidel Castro suchen sollen, Stuss, das können Sie vergessen. Wenn das wahr wäre, hätte Nixon nicht versucht, den Einbruch dem FBI in die Schuhe zu schieben – das die Sache liebend gern übernommen hätte, schließlich war der altgediente Kotzbrocken J. Edgar Hoover bis zu seinem Tod in der Mitte des Wahljahres noch sein Direktor. Die Kubaner suchten keine Beweise; sie waren darauf aus, Beweise unterzuschieben.)

Ich war damals noch kein Journalist, sondern Student an der Universität von Chicago, und Onkel Harold wollte mir erklären, warum mein Professor, Milton Friedman, ein Hornochse war. So etwas wie einen »freien Markt« gebe es nicht – der Markt sei sehr teuer, man müsse das Spiel manipulieren, und das bedeute, man müsse die Kartengeber am Blackjacktisch beeinflussen, die Politiker. Onkel Harold bestach die Streifenpolizisten, er bestach ihre Dienststellenleiter und würde nun den Präsidenten bestechen. Du zahlst, um mitzuspielen.

Auch andere spielten mit. Der Vorstandschef der Archer Daniels Midland Company (ADM), Dwayne Andreas, legte tausend 100-Dollar-Noten auf Nixons Schreibtisch im Oval Office (25 000 Dollar davon landeten auf Bankkonten der Watergate-Einbrecher). Andreas war mit Schecks vorsichtig, weil gegen ihn ein Strafverfahren lief, nachdem er vier Jahre lang Nixons *Gegner* 100 000 Dollar gezahlt hatte. (Er wurde freigesprochen.) Andreas versprach sich davon offenbar, die Sympathie des Justizministeriums zu gewinnen (das damals arschtief in der Watergate-Verschwörung steckte), weil die Archer Daniels Midland Company ihre eigene kleine Verschwörung am Laufen hatte, bei der es darum ging, den internationalen Preis von Vitamin C zu manipulieren.

Jahre später zog ADM einen noch größeren Betrug ab: Ethanol – Treibstoff aus Mais –, der 30 Millionen Dollar Subventionen des Finanzministeriums schluckte, das meiste davon für ADM. Andreas teilte die Philosophie von Onkel Harold. »Es gibt nicht ein Körnchen von irgendetwas auf der Welt, das auf einem freien Markt verkauft wird«, erklärte Andreas. »Nicht ein Einziges. Der einzige Ort, wo man einen ›freien Markt‹ sehen kann, ist in den Reden der Politiker.«

Wir bekamen nie einen freien Markt, aber die Politiker bekamen freie Tickets – in den Flugzeugen von ADM. Bob Dole, der Mehrheitsführer des Senats, flog während seines Präsidentschaftswahlkampfs 1988 29 Mal mit dem Firmenjet von ADM (wofür ihm die Bundeswahlkommission eine Geldstrafe aufbrummte).

Dole, bekannt als »Senator für Ethanol«, nahm auch eine Spende von 100 000 Dollar von ADM für seine Stiftung an, die Better America Foundation. Und was wäre besser für Amerika als Bob Dole als Präsident? Die Wohltätigkeitsorganisation war tatsächlich eine Tarnung zur Finanzierung von Doles Präsidentschaftsbewerbung, und auch dafür handelte er sich eine Strafe der Bundeswahlkommission ein. Damals, im Jahr 2003, musste Dole die Stiftung auflösen. Heute, nach den *Citizens*- und *SpeechNow*-Urteilen, könnte Doles Stiftung Amerika sogar noch besser machen, indem sie mit ihrem »Wohltätigkeits«-Geld Wahlkämpfe finanziert.

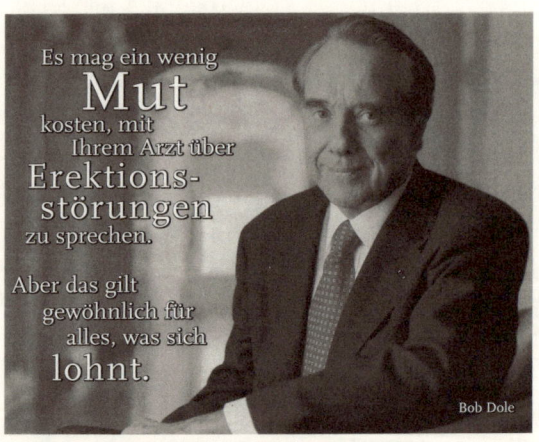

Es mag ein wenig **Mut** kosten, mit Ihrem Arzt über **Erektions-störungen** zu sprechen. Aber das gilt gewöhnlich für alles, was sich **lohnt.**

Bob Dole

Zu Doles Unglück litt er 1996 unter einer elektoralen Störung und verlor die Präsidentschaft an Bill Clinton, einen Kandidaten, der großzügig finanziert wurde von … ADM.

2008 bekam der neue »Senator für Ethanol«, Barack Obama, eine Menge Flugmeilen in ADM-Flugzeugen, mit denen er während der Vorwahlen zur Präsidentschaft nach Iowa jettete. (Keine Strafe der Wahlkommission.)

9.

Ziel 67C

Bewaffnet mit FBI-Berichten und Videos, schrieb das amerikanische Justizministerium im Mai 1989 an einer Anklageschrift nach dem Anti-Mafiagesetz RICO (Racketeer Influenced and Corrupt Organizations Act):

> Re: *************67C
> Koch Industries Incorporated
> Wichita, Kansas;
> Straftat in einem Indianerreservat –
> Diebstahl;
> Einfluss des organisierten Verbrechens/
> kriminelle Vereinigung

Charles Koch wollte alles, und jetzt, wenn die Bundesstaatsanwälte sich durchsetzten, würde er es kriegen: Handschellen und die Verlesung seiner Rechte.

Aber er bekam nicht alles: Das heißt, Charles und Bruder David bekamen ihre 40 Milliarden, aber keinen Knast.

Hier der Entwurf der Anklageschrift, oder besser, der Anklage, die es niemals gab.

Auf Seite vier steht, dass die stellvertretende US-Staatsanwältin Nancy Jones

> »nach Prüfung der Fakten dieses Falles erklärte, dass es ihrer Auffassung nach zu diesem Zeitpunkt begründete Anhaltspunkte für den Verdacht gebe, dass die Firma

KOCH OIL COMPANY unter Leitung von [geschwärzt und handschriftlich hinzugefügt: ›67C‹] von staatlichem und nicht-staatlichem Land und von Indianerland unter Nutzung einer zwischenbundesstaatlichen Pipeline Diebstahl beging.«

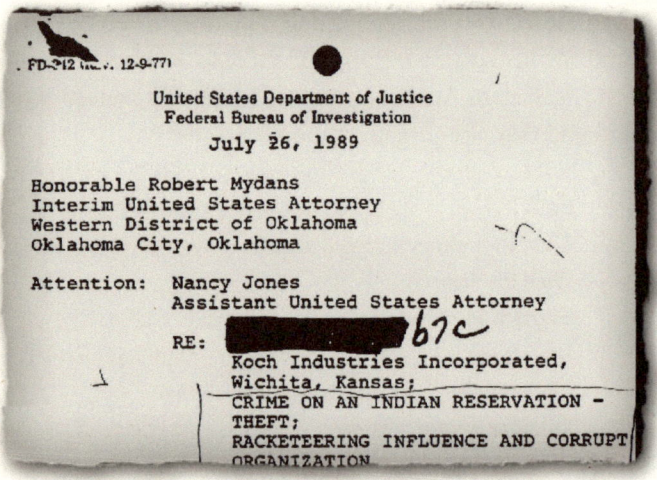

Was, zum Teufel, war da passiert? Was war mit dem Strafantrag gegen Koch geschehen?

Erstens wurde ein Schlüsselzeuge eingeschüchtert, Christopher Tucker. Er erhielt einen Drohbesuch von einer Sicherheitsfirma, die für Koch Oil arbeitete. Tucker, der nicht klein beigab, nahm Kontakt zur stellvertretenden Staatsanwältin Nancy Jones auf, der Autorin der ersten Anklageschrift. Diese erwog nun, eine weitere Anklage gegen Koch Oil zu erheben wegen Behinderung der Justiz. Die Verbrechen summierten sich.

Dann hatte Jones einen Unfall: Senator Don Nickles.

US-Staatsanwälte versehen ihr Amt auf Geheiß eines

US-Senators. Und Senatoren aus Oklahoma und Kansas versehen ihr Amt auf Geheiß der Koch-Brüder.

Nickles nutzte sein Privileg als Senator und ernannte Tim Leonard, einen Ölmann und Geschäftspartner der Kochs, zum US-Staatsanwalt für Oklahoma, was ihn zu Jones' Vorgesetzten machte. 1992 drängte Leonard sie aus dem Job. Der brillante Enthüllungsjournalist Bob Parry, der seit langem an der Geschichte dran war, entdeckte – kaum überraschend –, dass Jones deshalb gehen musste, weil »politischer« Einfluss auf den Koch-Fall ausgeübt wurde und sie nicht gewillt gewesen war, sich zu fügen.

Jones' Nachfolger löste die mit der Koch-Untersuchung betraute Grand Jury auf, ohne ihr auch nur die zusammengetragenen Beweise vorzulegen. Senator Nickles' handverlesener Staatsanwalt versprach den Kochs daraufhin in einem Schreiben, dass es nicht zu einer Anklage gegen sie kommen würde.

Für die Kochs sah alles nach eitel Sonnenschein aus. Aber sie hatten zwei große Probleme: den älteren Bruder von Charles und David, Fred jr., und Davids Zwillingsbruder Bill.

Ein Thanksgiving-Essen bei den Kochs endet eher damit, dass sich die Anwesenden gegenseitig zerlegen und nicht den Truthahn. David und Charles drängten den älteren Bruder Fred jr. aus dem Familienunternehmen. Dann half Charles Bruder David dabei, dessen zügellosen Zwillingsbruder Bill ein bisschen übers Ohr zu hauen, damit dieser seinen Teil des Erbes, seinen Batzen an Koch Industries, für etwa eine halbe Milliarde Dollar herausrückte. Bill behauptet, diese halbe Milliarde sei Diebstahl, weil dabei nicht die ganzen faulen Geschäfte der Kochs mit eingerechnet waren. Sie verklagten einander, bewarfen sich mit Dreck und bauten das New York State Theater wieder auf, um unter Beweis zu stellen, dass sie kein Haufen von Hinterwäldlern aus Wichita mehr sind. Aber sie gaben dem Theater den Namen »Koch«, was zeigt, dass sie es doch geblieben sind.

Während des internen Koch-Kriegs fanden Dokumente und Informationen ihren Weg zum Untersuchungsausschuss des Senats. Nicht nur ein paar Indianer, sondern das US-Finanzministerium war beim Öldiebstahl von staatlichem Land betrogen worden. Die Einflussnahme der Kochs auf die Staatsanwaltschaft brachte außerdem FBI-Agent Richard Elrod auf die Palme, der anfing, wegen der verschwundenen Anklage auf den Putz zu hauen.

Die Ermittler des Senatsausschusses hatten genügend Beweise zusammengetragen, um Koch Industries und Don Nickles, den Senator aus der Hölle, zum Frühstück zu grillen. Aber Nickles war der Rechtsaußen des Senatsführers der Republikaner Bob Dole. Die Anhörungen hatten bereits begonnen, als sich Dole im März 1990 im Senat erhob und eine Erklärung abgab, die wohl zu den ungewöhnlichsten in der Geschichte dieser erlauchten Halle zählen dürfte: Dole schwang sich zu einer leidenschaftlichen Verteidigung eines Unternehmens auf, dem eine Strafanklage drohte, Koch Industries, und behauptete, es sei das Opfer von Lügnern geworden. Eines lügenden Videos, wie ich vermute. Dole nannte Koch Industries einen »soliden Unternehmensbürger«, ein Bürger, dessen Sitz in Kansas liegt, dem Staat von Dole. Behalten Sie den Ausdruck im Gedächtnis: *Unternehmensbürger*.

1996 lockte mich der anhaltend faule Geruch der Geschichte nach Wichita und dann nach Washington, D. C., in der Annahme, dass einer der demokratischen Senatoren Interna ausplaudern und die Öffentlichkeit alarmieren würde. Tatsächlich gab es einen, der zu einem lauten Plauderstünd-chen bereit war: Senator Dennis DeConcini aus Arizona.

»Es war Diebstahl«, sagte mir der Senator. »Wir hatten harte Beweise für Diebstahl.« Das Ausmaß war gewaltig, es ging laut DeConcini um Erdöl im Wert von Dutzenden von Millionen Dollar, das von Indianer- und Bundesland stibitzt worden war, möglicherweise über 100 Million zusammen-geklaute Dollar. Es war der schlimmste und größte Fall von Betrug an den amerikanischen Ureinwohnern seit Little Big Horn. Und Senator DeConcini wusste genau, dass Staatsan-wältin Jones abserviert worden war, um sie für ihre Klage-schrift gegen Koch Industries wegen organisierten Verbre-chens abzustrafen.

Nun wollte sich DeConcini die Kochs vorknöpfen – doch sie knöpften sich zuerst *ihn* vor. DeConcini erzählte mir, dass ihm die Kochs (die Anti-Bill-Fraktion) einen Emissär schickten, der ihm drohte, dass sie beliebig viel Geld ausge-ben würden, um ihm eine Niederlage beizubringen und seine Karriere zu vernichten. Die Bedrohung eines Zeugen der Anklage ist Behinderung der Justiz. Die Bedrohung eines Senators in einem Untersuchungsausschuss ist was? Behinderung der Demokratie?

DeConcini beugte sich nicht. Er verlangte weitere Anhö-rungen und war wild entschlossen, die Kochs zur Befragung unter Eid vor den Ausschuss zu schleifen. Aber rasch sauste das Fallbeil auf DeConcini herab. Er wurde als einer der sogenannten »Keating Five« benannt. Der Senator hatte eine Wahlkampfspende in Höhe von 48 000 Dollar von dem Bankier Charles Keating angenommen und sich bei der Aufsichtsbehörde dafür eingesetzt, Keating nicht zu behelli-gen. DeConcini erhielt einen Tadel von der Ethikkommis-sion des Senats und verlor seinen Senatssitz. (DeConcinis

Senatorenkollege aus Arizona, John McCain, nahm 112 000 Dollar von Keating an, plus freie Reisen auf die Bahamas und einen Geschäftsabschluss für seine Frau Cincy. Aber McCain plädierte den Ermittlern gegenüber auf Ignoranz, er sagte, er habe keine Ahnung gehabt, was er da tat, und die Kommission kaufte ihm diese Verteidigung ab.)

Während Keatings Bargeldspende an DeConcini zwar widerlich, aber legal war, galt das Gleiche nicht für die fettere Beute, die jener Mann einstrich, der die Senatsuntersuchung gegen Koch Industries blockiert hatte: Bob Dole. Die Kochs, großherzige Philanthropen, spendeten 225 000 Dollar an Doles »Stiftung« Better America.

Auch Dole musste seinen Sitz im Senat aufgeben – aber nur, um die Nominierung seiner Partei als Präsidentschaftskandidat annehmen zu können. David Koch spendierte ihm eine Geburtstagsparty und sammelte 150 000 Dollar für ihn ein.

Kaum hatten die Kochs die Anklage wegen Öldiebstahls vom Land der Indianer und der Bundesregierung abgewürgt, da wurde ihrem Unternehmen vorgeworfen, drei Millionen Gallonen mörderisch toxischer Ölrückstände in die Flüsse von sechs US-Bundesstaaten eingeleitet zu haben. Es folgte ein Strafantrag gegen sie mit 97 Anklagepunkten.

Trotz des mächtigen Drucks von Minderheitsführer Dole ließen sich die Bundesbehörden dieses Mal nicht umstimmen. Wenn also die Koch-Unternehmen den Arm des Gesetzes nicht abschütteln konnten, mussten sie einfach das Gesetz ändern. Beachten Sie einen Lieblingsspruch der Milliardäre: Keine Zeit für das Gefängnis? Ändere das Gesetz, dann ist es kein Verhängnis.

Die Gesetze ändern? Für die Kochs eine Kleinigkeit: Sie brauchten nicht mehr zu tun als die Kongressmehrheit von den Demokraten zu den Republikanern zu verschieben, den Minderheitsführer Dole zum Mehrheitsführer des Senats zu machen und die Führung des Repräsentantenhauses ein wenig verbrechensfreundlicher zu gestalten.

Zuerst mussten die Kochs dazu einen selbstherrlichen Eiferer mit einem auf Beutefang geeichten Spinnenhirn, offenem Hosenschlitz und herzloser Wertschätzung ihres eigennützigen, ultrarechten Pseudo-Libertarismus gewinnen. Sie fanden ihn in einem radikalen Kongressabgeordneten aus Georgia namens Newt Gingrich, der für hirnrissige Reden vor komplett leerem Abgeordnetenhaus bekannt war, glücklich, nur das Echo seiner eigenen Stimme zu vernehmen. Mit seinem napoleonischen Ego und seinem unentrinnbaren Geruch nach ethischer Schwammigkeit war Newt der perfekte Strohmann für den Staatsstreich der Kochs im Kongress.

Damit Newt Washington einnehmen und die Gesetze für die Kochs umschreiben konnte, musste er dafür den Boden bereiten und ihren Feinden ideologisch ans Leder gehen. So wurde der »Contract with America« geboren. Die Kochs, die sich gut bedeckt hielten, nutzten ihre Katzenpranken – »Denkfabriken« wie die Heritage Foundation, das Cato Institute und die George Mason University –, um den Kontrakt mit Newt zu entwerfen. Die Heritage Foundation war von den Kochs bereits mit 50 Millionen präpariert und das Cato Institute mit 30 Millionen Dollar begossen worden. Die George-Mason-Uni bekam Gott weiß wie viel von den Brüdern, öffentliche Bildungsinstitutionen müssen ihre Spenden nicht angeben.

Newt Gingrich hatte jetzt Berge von Geld, um die Republikaner zu euphorisieren, aber er wollte eine Gegenleistung, ihre Unterschrift unter den Kontrakt mit Amerika. Am interessantesten war Paragraf 7 des Kontrakts, das Gesetz zur Schaffung von Arbeitsplätzen und das Lohnförderungsgesetz – beide dienten als Schützenhilfe für das »Gesetz für regulatorische Flexibilität«, das die Giftmüllverklappung der Koch-Brüder entkriminalisierte. Im Fall seiner Verabschiedung musste der Strafantrag gegen Koch Oil fallen gelassen werden. Das Center for Public Integrity kommentierte: »Diese Bestimmung ist anscheinend eigens auf die Koch-Interessen zugeschnitten.« Falsch. Sie wurde *von* den Koch-Interessen zugeschnitten.

Aber wie, zum Teufel, sollten superreiche Geldsäcke wie die Koch-Brüder Wähler aus der Arbeiterklasse dazu bringen, die Regierung in die Hände eines größenwahnsinnigen Gecken wie Gingrich zu legen? Antwort: So wie es die Reichen immer schon gemacht haben, nämlich indem sie Kandidaten gegen die »Plutokratie«, die »Elite« und, ja, gegen die »Reichen« aufstellen.

Mit ihrem Zaster hoben die Kochs eine gefälschte »populistische« Bewegung aus der Taufe. Zuerst kauften sie dazu eine gemeinnützige, gegen das Establishment gerichtete Initiative namens National Taxpayers Legal Fund ein, die für ihre libertären »Runter-von-meinem-Land«-Ansichten bekannt war und von dem texanischen Kongressabgeordneten Ron Paul geführt wurde. Es war eine merkwürdige Akquise im Stil einer feindlichen Firmenübernahme. 1984 bezahlten die Kochs die Schulden der Gruppe, benannten sie in Citizens for a Sound Economy (CSE) um und behielten Paul als CSE-Vorsitzenden auf ihrer Gehaltsliste, bis zu dem Tag, an dem sie keine Verwendung mehr für ihn hatten. Mit CSE und anderen Tarnorganisationen im Sack finanzierten die Kochs dann einen »populistischen Graswurzelaufstand« namens Wise Use Movement.

Zwei Jahrzehnte später bedienten sich die Kochs desselben Spiels, um eine Reprise dieser Bewegung zu übernehmen und zu finanzieren. So wurde aus dem Wise Use Movement die Tea Party. Die Tea Party, die aus dem echten Zorn der Arbeiterklasse über Washingtoner Plutokraten entstanden war, wurde bald von den Washingtoner Plutokraten von FreedomWorks übernommen. FreedomWorks war der neue Name, den die Kochs ihrer alten Citizens for a Sound Economy gegeben hatten. Sie machten sich nicht einmal die Mühe, Adresse und Telefonnummer zu ändern. Allerdings benannten sie die Tea-Party-Plattform, in Anlehnung an Gingrichs frühere Initiative aus den 1990er Jahren, in Contract from America um – ein Grundsatzprogramm, an dem die echten Urheber der Tea Party nicht mitwirken durften.

Doch damals, 1996, gab es keinen Weg für die Kochs, einen neuen Kongress zu kaufen, außer mit etwas göttlichem Beistand, Diamanten und Kannibalen.

10.

Christen, Kannibalen und Diamanten

Es gibt ein unsichtbares Band, das den Gingrich-Coup, der den Republikanern 1994 die Mehrheit im Kongress verschaffte, mit dem Geldstrom der Wahl von 2012 verbindet, ganz besonders mit Karl Roves unglaublicher Kriegskasse von einer Viertelmilliarde Dollar für seine Organisationen American Crossroads und Crossroads GPS. Dieses unsichtbare Band windet sich von Virginia Beach bis zum Kongo, nach Washington, D. C., und nach Liberia zu einem durchgeknallten Warlord mit einer Kinderarmee, zu einem Supermodel, das dümmer ist als ein Säckchen voller Steine (Edelsteine), und zu Reverend Marion »Pat« Robertson.

2012 begann das Wahljahr mit einem YouTube-Video, *Kony 2012*, das eine irre virale Verbreitung fand. Es handelte von Joseph Kony, dem monströsen afrikanischen Kriegsherrn mit einer Armee verschleppter Kinder. Aber Kony war bloß ein Killerimitat, ein blutiger Fanatiker aus der zweiten Reihe, verglichen mit dem Erfinder der Kinderarmee, Charles Taylor, der 2012 von einem Sondergericht in Sierra Leone wegen vielfachen Mordes, Vergewaltigung und Missbrauchs von Kindern als Soldaten verurteilt wurde.

2010 lernte ich in Liberia einen dieser »Soldaten« kennen: Peter Tah, ein einarmiger Junge (von denen es dort viele gab), der auf den Straßen der Hauptstadt Kaugummi verkaufte. Peter war neun Jahre alt, als der Warlord sein Dorf überfiel, seinen Vater vor dem Haus der Familie mit einer Machete zu Tode hackte und auch Peter mit dem Tod bedrohte, wenn er sich nicht seiner Armee anschlösse. In drei Tagen war er an der Front mit einem AK-47, das größer war als er selbst, und bekam bald einen Schuss in den Arm. Es gab praktisch keine Arzneimittel in Liberia, um seinen Arm zu retten, daher mussten ihn die Ärzte amputieren.

Charles Taylor, der liberianische Kriegsherr, der das Patent auf die Erfindung der ersten Kinderarmee hält, ist ein Kannibale, ein Massenmörder und ein studierter Ökonom – eine allzu häufige Kombination. Er machte einen Abschluss in Massachusetts, wo er später wegen Unterschlagung ins Gefängnis kam, dann nach Liberia floh und seine Kinderarmee gründete.

Taylor metzelte sich den Weg ins Präsidentenamt von Liberia frei, sah aber bald seiner Verhaftung wegen Verbrechen gegen die Menschlichkeit und Schürens eines Bürgerkriegs im benachbarten Sierra Leone entgegen, der ihm dazu diente, den Handel mit illegalen »Blutdiamanten« zu kontrollieren. Zu den Beweisen gegen ihn gehörte, dass er dem Supermodel Naomi Campbell ein Säckchen mit Rohdiamanten schickte, um ihre Zuneigung zu gewinnen.

Es funktionierte nicht: Da sie für Miss Campbell nur wie ein Haufen schmutziger Kiesel aussahen, gab sie die Steine weg.

Aber Taylor besaß einen Freund in Gott, oder zumindest in dessen Handelsvertreter auf Erden, Dr. Pat Robertson. Auf Taylors Bitte sprach Reverend Robertson mit Präsident George W. Bush darüber, Taylor in Ruhe zu lassen. Robertson versicherte, er verwende sich zugunsten des Wahnsinnigen, um himmlische Gnade walten zu lassen. Es hatte nichts damit zu tun, dass Taylor dem Gottesmann eine Konzession zum Goldschürfen erteilt hatte.

(Wohlgemerkt: Robertson wird in der Presse zwar »Reverend« genannt, doch tatsächlich hat er sich selbst aus dem Priesteramt entfernt, als er die Baptisten verließ. Er erklärte mir, er sei *kein* Fernsehprediger, sondern ein »Geschäftsmann«. Darauf ein Amen.)

Warum sollte Bush das Plädoyer Robertsons anhören? Was schuldete Bush (die Familie Bush) Reverend Pat?

Das geht bis auf jene Wahl im Jahr 1994 und sogar noch weiter zurück.

Im Jahr unseres Herrn 1994, als Newt Gingrich seinen Kontrakt mit Amerika vorbereitete, sammelte Reverend Robertson Millionen von Dollar, um Flugzeuge zu kaufen und die verzweifelten Überlebenden des jüngsten Massakers in Ruanda mit Lebensmitteln zu versorgen. Der Reverend wurde gefilmt, wie er in afrikanischen Flüchtlingslagern Essen verteilte, dann, wenn die Kameras ausgeschaltet waren, belud er die Flugzeuge mit Ausrüstung, um sie zu den Diamantenminen zu bringen, die ihm im Kongo gehörten.

Das amerikanische Finanzamt unter der Administration der Demokraten hatte Mühe, nicht den Schwefelgeruch zu bemerken, den die »gemeinnützigen religiösen« Organisationen Robertsons, die ihn zum Milliardär machten, verströmten. Entweder das Gesetz würde Robertson den Garaus machen, oder Robertson machte dem Gesetz den Garaus. Der Herr vernahm Robertsons Flehen und flüsterte: »Benutze die Listen.«

Die Listen: Drei Millionen Namen der gläubigen Spender an die gemeinnützige religiöse Erziehungsinitiative Christian Coalition of America. Die politische Verwendung der Liste war eine Straftat. Aber es gab ein höheres Gesetz – das von Reverend Pat. So wurden die Listen heimlich an einen verurteilten Betrüger und Verräter weitergegeben, an Oberst Oliver North, den republikanischen Senatskandidaten für Virginia. Mitglieder der Christian Coalition erhielten daraufhin eine Botschaft vom Herrn in Form einer Wahlkampfwerbung, der zu entnehmen war, dass der Allmächtige selbst den wildgewordenen Oberst für den Senat empfahl.

Die Listen, nicht nur von der Christian Coalition, sondern auch von Pat Robertsons »Fernsehkirche« im Kabel-TV, wurden sowohl in den Dienst von Politikern als auch in den Dienst Mammons gestellt. Zwei Eingeweihte erzählten mir, dass Robertson seine Position als Prediger nutzte, um Millionen von Dollar Investitionen für das Schneeballsystem der Vitaminfirma Kalo-Vita einzuwerben. Und eben diese Listen soll er dann auch dazu verwendet haben, »seine politische Agenda« zu verfolgen, das heißt, Kirchenvermögen wurde mutmaßlich zur Finanzierung politischer Kampagnen benutzt – was unzweifelhaft illegal war. *Damals.*

1999 wurde mir die seltene Gunst zuteil, eine Audienz bei Dr. Robertson und seinem Geschäftsführer in seinem TV-Studio mit angeschlossener Kirche in Virginia Beach zu erhalten (das ist eine andere Geschichte). Ich war nervös und spielte unablässig mit meinem Feuerzeug. (Ich rauche nicht – leichtes Asthma –, daher machte ich mir nicht die Mühe, Benzin in das Feuerzeug zu füllen; stattdessen enthielt es einen winzigen Bandrecorder, den ich mit Erlaubnis von Reverend Pats Sicherheitsleuten durch die Metalldetektoren mitnehmen durfte.)

»Der Doktor«, wie er sich am liebsten nennen ließ, führte mit mir ein langes Gespräch im Ankleideraum seines Fernsehstudios, während er langsam seine Schminke entfernte. Was darunter zum Vorschein kam, war höchst interessant.

1988 hatte der Herr Robertson aufgetragen, sich um das Amt des Präsidenten zu bewerben. Ich fragte ihn, wie er das Rennen denn hatte verlieren können, wo doch der Allmächtige sein Wahlkampfmanager gewesen war.

Die Antwort lautete, dass der Herr zwar seine Bewerbung gewollt habe, nicht jedoch seinen Sieg, und – *passen Sie genau auf –*, dass er diese Adressenliste mit drei Millionen Namen erstelle und die als Christian Coalition bekannte politische Faust erschaffe, die der christlichen Rechten (das heißt Robertson) für immer das Vetorecht über die Kandidaten der Republikaner geben würde. Natürlich war das nicht legal. *Noch nicht.*

Ich erfuhr von meinen Quellen noch mehr. Am 15. September 1992 teilte der Präsident der Christian Coalition, Ralph Reed, der Wahlkampfleitung von George Bush mit, er sei bereit, 40 Millionen sogenannte »Wählerleitfäden« zu versenden, die Bush helfen würden – »ein praktisch beispielloser Grad der Kooperation und Hilfe ... von christlichen Führern«. Beispiellos und illegal.

Und seltsam noch in anderer Weise: Robertson hatte gerade einige Monate zuvor gesagt, dass Bush »unwissentlich die Mission Luzifers erfülle«. Aber wenn Satan die Wiederwahl gelänge, wäre es ja unwahrscheinlich, dass *Er* die Quelle seiner Wiederwahl strafrechtlich untersuchen würde.

Judy Liebert, ehemaliger Finanzvorstand von Robertsons gottgefälligem Imperium, erlaubte mir, ihren Namen zu nennen. Sie erzählte mir, sie habe sich bei Ralph Reed beschwert, dem Präsidenten der Christian Coalition (der heute als Berater der Republikaner groß im Geschäft ist), als er sich daran machte, Dokumente zu vernichten, deren Aushändigung das FBI gerichtlich erzwungen hatte. Reed habe daraufhin erwidert: »Warum nehmen Sie nicht einfach eine Knarre und schießen mir das Hirn weg?«

Darauf ein Amen.

Aber Reverend Robertson lachte zuletzt. Am 26. März 2010 ließ das Bundesberufungsgericht der USA das Monster aus der Kiste. Bei den Urteilen in den Prozessen *SpeechNow. org gegen Federal Election Commission* und *Republican National Committee gegen FEC* zog es die wahnwitzige Konsequenz aus der Entscheidung im Fall *Citizens United*: Nicht nur Unternehmen, sondern auch gemeinnützige Organisationen durften nun in unbegrenzter Höhe für politische Kampagnen spenden. Die schmutzigen Tricks der Christian Coalition erhielten die höheren Weihen, Robertsons Missbrauch seiner Geschäfte zu politischen Zwecken war jetzt eine gerichtlich abgesegnete Praxis.

Das Urteil im *Citizens*-Prozess, das es Unternehmen erlaubt, politische Kampagnen zu finanzieren, fand viel Aufmerksamkeit, aber die darauf folgende Entscheidung im *SpeechNow*-Prozess öffnete einer noch größeren Gefahr Tür und Tor: In die Wahlkämpfe dürfen sich seither gemeinnützige »Wohltätigkeits«-Organisationen wie Karls Roves Crossroads einmischen, deren Ziele dunkel und deren Finanzierungsquellen versteckt sind.

Aber 1999 war die Stunde dieser räudigen Ungeheuer noch nicht angebrochen. Damals wurde jemand gebraucht, der auf die Gesetze pfiff und den räudigen Samen für *Citizens United* und den Konzernstaat einpflanzen konnte. Dieser Jemand, oder dieses Etwas, hieß »Triad«.

11.

Jagd auf Triad

1996 brachte Bill Clinton im Präsidentschaftswahlkampf seinem Widersacher Bob Dole eine spektakuläre Niederlage bei. Doch entgegen allen Erwartungen behielten die Republikaner unter Gingrich trotz des erdrückenden Wahlsiegs der Demokraten beim Rennen um das höchste Amt im Staat weiterhin die Kontrolle über das Repräsentantenhaus.

Gingrich konnte sich dafür bei der Coalition for Our Children's Future bedanken.

Ein bisschen merkwürdig war bei dieser Initiative, der dem Namen nach die »Zukunft unserer Kinder« so sehr am Herzen lag, dass sie sich einen feuchten Dreck um unsere Sprösslinge zu scheren schien. Es handelte sich zwar um eine von der Steuer befreite »Wohltätigkeits«-Organisation, doch ihr Anliegen war beileibe nicht, Spenden für die kostenlose Schulspeisung zu sammeln. Das Komitee gab Millionen von Dollar aus, aber nicht einen Cent davon für irgendetwas, das im Geringsten mit Kindern zu tun hatte.

Das Geld floss in Werbung. Die Werbespots waren offenbar mit zwei anderen Initiativen abgestimmt, den »Reformbürgern« – Citizens for Reform –, was immer das, zum Teufel, sein mochte, und den »vereinten Bürgern« – Citizens United –, eine Gruppe, die sich weigerte, auch nur einen Einzigen der Bürger zu benennen, die sich da vereinigt hatten.

Jeder dieser TV-Spots war ein bösartiger Angriff auf 29 nichtsahnende Kandidaten der Demokraten, die für den

Kongress kandidierten, alle ausgestrahlt etwa eine Woche vor der Wahl. Sie investierten Millionen zu einer Zeit, Mitte der 90er Jahre, als man schon mit einer Million eine verheerende Wirkung erzielen konnte. Zum Beispiel stellte ein Spot eine Verbindung zwischen einem Kandidaten der Demokraten und einem »Kinderschänder« her. Ein anderer machte den Wählern in Montana weis, dass ein (demokratischer) Kandidat für den Kongress indianischer Abstammung, Bill Yellowtail, ein »verurteilter Straftäter« und »Frauverprügler« sei. Und in Kansas wurden die Wähler von falschen »Meinungsforschern« gefragt, ob sie immer noch für die Demokratin Jill Docking stimmen würden, wenn sie wüssten, dass sie Jüdin sei.

Die Demokraten, überwältigt von diesem Angriff aus geheimer Quelle, hatten keine Zeit, auf das Bombardement verleumderischen Drecks zu reagieren. Das Ergebnis war die Niederlage von mindestens einem Dutzend perplexer Demokraten, bei einigen mit nur 200 Stimmen Abstand, darunter Yellowtail und die »Jüdin« Docking.

Die Coalition for Our Children's Future triumphierte. Was das für die Zukunft der Kinder bedeutete, stellte sich bald heraus, denn der Kongress legte bei den Essenmarken für arme Kinder die Axt an. Man könnte sagen, dass das Committee for Our Children's Future und seine Partnerorganisationen das politische Gesicht unserer Nation für immer verändert haben.

So sind wir also wieder bei Butch Cassidys Frage an Sundance Kid angelangt: »Wer *sind* diese Kerle?«

Die Antwort: Triad.

Der Direktor von Our Children's Future schwor vor einem Untersuchungsausschuss des Kongresses, dass er gezwungen gewesen sei, von einem anonymen Spender

Blankoschecks entgegenzunehmen, in die er Summen von insgesamt über 700 000 Dollar eintrug. Children's Future hatte mit dem Spender eine Schweigevereinbarung unterzeichnet.

Es war Triad, eine nach den geheimen chinesischen Geldwäscherbanden benannte Beratungsfirma, die die anonymen Millionen zu Children's Future und seinen Partnerorganisationen geschleust hatte. Wenn Children's Future tatsächlich keine echte Wohltätigkeitsorganisation war und Triad keine »Beratungsfirma«, sondern ein Geldwäschedienst für Wahlkampfspenden reicher Geldgeber und Unternehmen, dann würde die Liste der begangenen Straftaten die Cosa Nostra erröten lassen.

Es gab noch mehr komisches Geld, mit dem dieser Wahlkampf manipuliert wurde. 1996 nahm Citizens United von reichen Konservativen Spenden an und leitete sie weiter – in derselben Höhe und am selben Tag ihres Eingangs, an Kandidaten, die bereits den rechtlich zulässigen Höchstbetrag von ihren Spendern erhalten hatten. Es handelte sich um eine schreiend offensichtliche Umgehung der Höchstgrenze für Wahlkampfspenden. Doch der Anwalt von Citizens erklärte, die Summen der Zahlungen und der Zeitpunkt der Spenden seien schlicht »Zufall«.

Der republikanische Senator Fred Thompson war Vorsitzender des Ausschusses für Regierungsangelegenheiten (Committee on Governmental Affairs), dessen Aufgabe die Untersuchung von Korruptionsfällen ist. Thompson hielt sich für einen echten Verbrechensbekämpfer, einen harten Bundesstaatsanwalt (obwohl er seine größten Siege als Staatsanwalt in der TV-Serie *Law & Order* errang). Er war wirklich aufgebracht, dass Citizens United, Children's Future und all diese Tarnorganisationen seine Bitten um Auskunft rigoros abwiegelten. Dennoch schrieb er anhand der Beweise, die er hatte zusammentragen können, einen gepfefferten Bericht: Wer immer hinter diesem Strom von Geld stünde, sei schuldig, schuldig und nochmals schuldig

»der arglistigen Gründung eines gewinnorientierten Unternehmens und der Einrichtung von nur scheinbar gemeinnützigen Organisationen. Diese verdeckte Handlungsweise untergräbt unser gesetzliches System der Wahlkampffinanzierung. … Triad ist ein gravierender Fall nicht nur aufgrund der Art und Weise, wie die Firma die bestehenden Gesetze gebeugt oder gebrochen hat, sondern aufgrund des beruhigenden Vorbilds, das sie künftigen Gruppen dieser Art mit der erfolgreichen Missachtung dieses Ausschusses gegeben hat.«

Die Koch-Brüder
Gebrüder Grimmig

Charles und David Koch, die reichsten Typen, von denen Sie je gehört haben – Nettowert sechs Milliarden Dollar. Machten ihr Geld auf die altmodische Tour, indem sie Indianer bestahlen. Die Ölfirma der Kochs wurde ertappt, wie sie im Reservat in Oklahoma Tanks absaugte. Große Philanthropen: Kauften US-Kongress für Koch Industries. Kanalisierten über Tarnorganisation Coalition for Our Children's Future heimlich Millionen in Anzeigen, die demokratische Kandidaten verunglimpften. Es funktionierte und brachte der republikanischen Karnivoren Newt Gingrich ans Ruder des Kongresses.
• Jeder Republikaner, der mit Geld von »Children's Future« gewählt wurde, stimmte für die Beendigung der Essensmarken für Kinder – und unterstützte Gingrichs »Vertrag für Amerika«.
• Newts »Vertrag« ersparte Koch Industries eine Anklage wegen Umweltverschmutzung.
Charles Koch: »Ich will meinen gerechten Anteil – und das heißt *alles*.«

Thompson begab sich auf dünnes Eis: Er legte anhand von Indizienbeweisen dar, dass mit den Überweisungen von Citizens United illegale, die zulässige Höchstgrenze überschreitende Spenden des ultrarechten Milliardärs Foster Friess getarnt worden waren –

(Ein Spielchen mit Tarotkarten gefällig, die Ihnen wirklich die Wahrheit sagen? The Joker's Wild, ein Tarokartenspiel (auf Englisch) von Greg Palast, mit Zeichnungen von Milliardären und Politikern von Bob Grossman. Besuchen Sie www.GregPalast.com.)

und, noch bedrohlicher für die Republikaner, dass Triad als illegaler Kanal für Geld von Koch Industries gedient hatte.

Vergessen Sie nicht, das waren noch die alten Tage vor dem *Citizens*-Urteil. In der schönen neuen Welt nach dem *Citizens*-Prozess könnte Friess einem einzigen Kandidaten offen Millionen zukommen lassen, zum Teufel mit der Obergrenze von 2000 Dollar. (Und das hat er. Friess segnete Ex-Senator Rick Santorum 2012 mit Millionen, der damit um die Nominierung als Präsidentschaftskandidat und gegen Kondome kämpfte.)

Aber damals, 1996, war es für Unternehmen eine Straftat, Geld für politische Kampagnen zu spenden: ein Verbrechen, für das man die Karte »Ab in den Knast zum Steinekloppen« bekam. Dasselbe galt für die Überschreitung der Spendenobergrenze und versteckte Wahlkampffinanzierung. Thompson war in der Stimmung, den Demokraten in seinem Ausschuss Anträge zur Zwangsvorlage von Dokumenten zu erlauben, um die Kochs zu Aussagen und zur Offenlegung von Unterlagen zu zwingen. *Wow*.

Ich war fasziniert von Thompsons tollkühnem Ausbruch moralischer Entrüstung und tätigte ein paar diskrete Anrufe bei einem Informanten beim Ausschuss.

Hier die Info, die ich bekam: Nixons Stabschef habe Senator Thompson nicht zufällig einmal »strohdumm« genannt, denn Thompson verstehe eindeutig das Spiel, den Spielplan der Republikaner nicht. Er war in Tennessee zum Senator gewählt worden dank seines fiktiven Admiralsrangs in dem Film *Jagd auf Roter Oktober*. Thompson brauchte die Bonzen seiner Partei nicht, deshalb scherte er sich nicht um die verzweifelte Notwendigkeit der Republikaner, Citizens Uniteds schäbige Transaktionen und Kochs brisante Geldspritzen zu vertuschen. Die Führung der Republikanischen Partei würde ihm den Kopf zurechtrücken. Tatsächlich nahm ihm die Parteiführung die Möglichkeit, die Offenlegung von Dokumenten zu erzwingen, ließ ihm aber die Vergütungen des Vorsitzes inklusive Poppen mit der hübschen blonden Justiziarin der Senatsrepublikaner.

Der Führer der Republikaner, Trent Lott, gab sich die Ehre, den gernegroßen Gesetzeshüter Thompson in den Polizeigriff zu nehmen. Am 31. Dezember 1998 schloss Senator Thompsons Ausschuss für Regierungsangelegenheiten seine Untersuchung über Schwindel bei der Wahlkampffinanzierung, ohne entscheidende Zeugen aufgerufen oder die Herausgabe wichtiger Dokumente angeordnet zu haben.

Doch warum spielten die Demokraten mit und ließen die Sugardaddys der Republikaner komplett vom Haken?

Was, zum Teufel, war geschehen?

Die Antwort, so erfuhr ich, lautete: *Riady*.

12.

Ferngesteuerte Kandidaten

1996 leiteten die Republikaner eine Untersuchung gegen Präsident Clinton ein, das heißt, sie schnüffelten am Reißverschluss seiner Hose und einer feuchten Zigarre.[5]

Aber ich folge dem Geld, nicht dem Sperma. Mein Ziel war ein Stromversorger, Entergy, einer von Hillary Clintons Kanzleiklienten, den ich seit 1985 auf dem Schirm hatte.[6] Die Geldspur von Entergy führte mich von Little Rock, Arkansas, nach China und direkt ins Oval Office. Das war verdammt viel ernster als eine Praktikantin unter dem Schreibtisch.

Als Bill Clinton seine Präsidentschaft antrat, wurde Hillarys Klient aus Little Rock plötzlich ein globaler Energiekoloss. Entergy kaufte das Atomkraftwerk Indian Point im Staat New York und das gesamte Elektrizitätsnetz der britischen Hauptstadt London. Den großen Treffer landete das Unternehmen, indem es sich mit der Riady-Familie zusammentat, milliardenschwere ethnische Chinesen aus Indonesien mit großen Plänen, Elektrizitätsnetze in China zu betreiben.

---

5 Bill Clinton hatte die damalige Praktikantin im Weißen Haus, Monica Lewinsky, angeblich mit seiner Zigarre sexuell erregt oder befriedigt. (A. d. Ü.)
6 Ich wurde ursprünglich 1981 vom Generalstaatsanwalt von Arkansas, Bill Clinton, gebeten, über das Unternehmen zu recherchieren. Aber ich war ein großer New Yorker Enthüllungsjournalist und hatte kein Interesse an einem kleinen Politiker aus einem Provinzkaff. Zu blöd: Ich hätte ihn auf den richtigen Weg bringen können.

Aber die Riadys und Entergy brauchten die Unterstützung Clintons und seines Handelsministers Ron Brown, um bei den Chinesen einen Fuß in die Tür zu bekommen, angefangen mit einer Chinareise von Brown zur Gewinnung von Aufträgen für US-Unternehmen, auf die er die Bosse von Entergy mitnahm.

Minister Brown war darüber laut seiner langjährigen Geschäftspartnerin und Angebeteten Nolanda Hill nicht erfreut. Verärgert habe Brown ausgerufen: »Ich bin doch nicht Hillarys beschissener Reiseführer!«

Das Problem für den Minister war nicht die Tat selbst, sondern der Preis. Brown, zuvor Vorsitzender der Demokratischen Partei, war ein enthusiastischer Unterstützer des Plans von Hillary, sich den Zugang zu Regierungsmitgliedern bezahlen zu lassen: 10 000 Dollar für Kaffee mit dem Präsidenten, 100 000 Dollar für eine Nacht im Lincoln-Schlafzimmer. Aber er verübelte Hillary den Rabatt, den sie den US-Managern gewährt hatte, die Browns eigene lukrative Handelsmissionen begleiten sollten. Der Handelsminister grollte: »Ich bin mehr als 50 000 für einen Fick wert!«

Aber Brown brauchte sich über seine Preisklasse gar nicht zu sorgen: Die Clinton-Wahlkampfkasse bekam weit mehr als 50 000 für den »Fick«.

Nun beachten Sie dies:

Am 22. Juni 1994 traf sich Milliardär James Riady mit Webster Hubbell, ehemaliger zweiter Stellvertreter des US-Justizministers und Hillary Clintons Sozius.

Am 23. Juni traf sich Riady erneut mit Hubbell zum Frühstück, fuhr dann ins Weiße Haus, kehrte wieder zu Hubbell zurück und machte noch zwei weitere Gänge ins Weiße Haus.

Am 26. Juni zeigt ein Video den Beginn eines Treffens im Oval Office zwischen Präsident Clinton und Riady, dann bricht das Video ab.

Am 27. Juni behält Riady Hubbell als Berater bei Entergy.

Wie intensiv sich Hubbell aus dem Gefängnis heraus für seinen neuen Arbeitgeber einsetzen konnte, ist nicht klar. Zur Zeit des Treffens mit Riady, als er seinen Scheck erhielt, stand Hubbell wegen betrügerischer Aufblähung seiner Anwaltsrechnungen unter Anklage, eine Straftat. Er bekannte sich schuldig.

Nun habe ich mich über die Ausstellung überhöhter Rechnungen bei Anwälten informiert. Wie kann ein Sozius detaillierte Zeitprotokolle ohne Komplizenschaft des anderen Anwalts in der Kanzlei fälschen? Hillarys Protokolle lohnten daher eine genauere Untersuchung durch die Behörden.

Das Komische an Hillarys Abrechnungsunterlagen: Als sie in einem anderen Zusammenhang offengelegt werden sollten, waren sie verschwunden. Zuerst gingen ihre Kanzleicomputer kaputt. Dann verschwanden die Ausdrucke. Aber während des Präsidentschaftswahlkampfs 1992, kurz bevor die Protokolle verschwanden, durchkämmte ihr Partner Webb Hubbell sie heimlich Zeile für Zeile.

Hubbell wusste, dass seine eigenen Protokolle falsch waren, und er verstand die Konsequenzen dieser Enthüllung: Gefängnis. Am Ende kosteten ihn seine aufgeblähten Stundenprotokolle die Anwaltslizenz, seinen Posten im Justizministerium und seine Freiheit – er kam 21 Monate in den Knast.

Was sah und wusste Hubbell über Hillarys Stundenprotokolle? Hubbell wollte es nicht verraten, bis auf eine kryptische Bemerkung, nachdem er ihre Protokolle gesehen hatte, dass »jeder Anwalt« seine Belege fälsche. War mit »jeder« auch Hillary gemeint? Hubbell wollte es nicht verraten.

Hätte er Hillary verpfiffen, hätte er für sich einen leichten Deal herausschlagen können. Aber Hubbell war ein echter Kumpel und sagte kein Wort.

Warum sollte Hubbell lieber in der Strafkolonne Steine klopfen als gegen Hillary auszusagen? Könnten die 100 000 Dollar von den Riadys der Grund dafür sein? (Insgesamt sackte Hubbell in den Wochen vor Antritt seiner Haftstrafe eine halbe Million Dollar ein.)

Hillarys Stundenprotokolle tauchten schließlich wieder auf, nach zwei Jahren, direkt vor ihrem Büro, unmittelbar nach Hubbells Weigerung, gegen sie auszusagen.

Vielleicht ahnten die Clintons nichts von dem Riady-Geld, das auf dem Weg ins Gefängnis an Hubbell floss. Wenn sie von den Zahlungen wussten, würde das nahelegen, dass sie Hubbells Schweigen kauften. Das wäre eine strafbare Handlung. Eine, die ein *Amtsenthebungsverfahren* hätte nach sich ziehen können.

In den Notizen des FBI über die Unterredung mit dem Präsidenten, die ich erhielt, sagte Clinton (unter Eid) zuerst, dass er sich nicht erinnern könne, ob Riady die Zahlung von 100 000 Dollar erwähnt habe. Dann öffnete der Präsident schüchtern die Tür zur Wahrheit und sagte den Beamten: »Ich wäre nicht überrascht, wenn James es mir gesagt hätte.«

Ich auch nicht.

Insgesamt trafen sich James, sein Vater und Riady-Vertreter etwa 98 Mal mit Clinton.

Vier Jahre nach den Hubbell-Riady-Clinton-Treffen und den Zahlungen, am 31. Dezember 1998, beendete der Ausschuss für Regierungsangelegenheiten des republikanischen Senators Thompson seine Arbeit. Er hatte nicht die zentralen Zeugen gegen Clinton aufgerufen und nicht per Offenlegungsbeschluss die Herausgabe entscheidender Dokumente angeordnet. Warum nicht? Warum stoppten die Republikaner plötzlich ihre Untersuchung von Clintons Spendensammlung, gerade als der Ausschuss zu den belastenden Beweisen vordrang?

Es war derselbe Tag, an dem der Vorsitzende Thompson seine Untersuchung gegen die Koch-Brüder einstellte.

Ich konnte zwei und zwei zusammenzählen. Aber nur um sicherzugehen, rief ich den Ausschuss an, um mir bestätigen zu lassen, dass zwei und zwei wirklich vier ergibt. Wie erwartet: Mein Insider, der sich Anonymität ausbat, bestätigte mir, dass es einen geheimen Kuhhandel zwischen republikanischen und demokratischen Senatoren gegeben hatte:

»Ein Waffenstillstand: Ihr verzichtet auf Triad, wir verzichten auf Clinton [wegen Bargeld von Riady].«

P.S.: Wie konnte ein unbekannter Gouverneur aus dem Posemucklstaat Arkansas kometengleich von Little Rock ins Weiße Haus aufsteigen, nachdem er aus dem Nichts 1992 zum Kandidaten der Demokratischen Partei geworden war? Aber Bill Clinton kam gar nicht wirklich aus dem Nichts: Er kam aus dem Führungsrat der Demokratischen Partei, dem Democratic Leadership Council oder DLC. Bill Clinton führte den Vorsitz dieses neuen Gremiums konservativer Demokraten, und seine Nominierung als Präsidentschaftskandidat der Partei beendete ein halbes Jahrhundert der Kontrolle der Partei nach den strengen Regeln Franklin D. Roosevelts. Die gegen den Staat gerichtete Rhetorik, die Klagen über Bürokraten, Regulierungen und Bestimmungen, waren kein Echo Roosevelts, sondern der Philosophie des von den Kochs finanzierten Cato Institute.

Und das ist nicht überraschend: Das DLC wurde mit 100 000 Dollar von den Koch-Brüdern unterstützt.

Machte sich die DLC-Investition für die Kochs bezahlt?

Einmal im Weißen Haus, gab Bill Clinton einen Präsidentenerlass heraus, um Behörden zu zwingen, Regulierungsvorhaben nach dem Kriterium der Kostenbelastung für die Industrie zu stoppen oder zurückzufahren. Der Chef von Clintons Initiative zur Regierungsreform (National Partnership for Reinventing Government), Vizepräsident Al Gore, dirigierte den Deregulierungsangriff mit Gusto und verkündete, er »beende die Ära des aufgeblähten Staates«. Gore schuf eine »Regulierungspartnerschaft« und übertrug Managern von regulierten Industrien offizielle Überprüfungsbefugnisse. Die Clinton-Gore-Administration bremste die Bestrebungen zur Kappung der Treibhausgasemissionen radikal aus, indem sie energisch ein System des Ablasshandels förderte, der Umweltverschmutzern schlicht erlaubte, »Verschmutzungsrechte« zu kaufen. C. Boyden Gray, damals Chef der von den Kochs gegründeten Lobby-Gruppe Citizens for a Sound Economy, hatte diesen Emissionshandel erdacht.

In späteren Jahren wurde aus Kochs Citizens for a Sound Economy die Gruppe FreedomWorks, ein Vorläufer der Tea Party. Kochs Vorsitzender von FreedomWorks, derselbe Boyden Gray, führt heute den Kreuzzug der Tea Party gegen den Emissionshandel, das System der Verschmutzungsrechte, geschaffen von … Boyden Gray. Wenn Sie das für einen Widerspruch halten, haben Sie nicht aufgepasst. Die Strategie zeitlich abgepasster, schrittweiser Manipulation der nationalen politischen Debatte in den USA, die hier zum Vorschein kommt, ist schlicht brillant. Die Kochs spielen ein raffiniertes Schachspiel, und wir können nicht einmal das Schachbrett sehen.

Und hatte ich eigentlich erwähnt, dass die Kochs den Aufstieg *beider* Präsidentschaftskandidaten finanzierten, den Clintons *und* seines Gegners Bob Dole? Bestimmt. Milliardärsregel Nummer zwei: Setz nie auf ein einziges Pferd, wenn du *die ganze verdammte Galoppbahn kaufen kannst.*

■ ■ ■

Aber da stand immer noch die Kleinigkeit krimineller Handlungen im Raum. Riady-Geld aus Indonesien, Koch-Geld durch »Our Children's Future«, Scheinstiftungen und politische Überfallkommandos, die sich als Denkfabriken ausgaben, dieser ganze komische Saft, der durch die politischen Arterien floss, war natürlich illegal.

Illegal, zumindest bis 2010, bis zu den Gerichtsurteilen in den Verfahren *Citizens United* und *SpeechNow.* Für 200 Dollar und eine von einem windigen Anwalt besorgte Briefkastenadresse können die Riadys, die Los Zetas Gang Inc., British Petroleum, die Al-Qaida Corp., die Charles Manson LLC und Vladimir Putin Partners alle ein Unternehmen in den USA gründen und mit ihrem Geld die US-Wahlkämpfe fluten, bis ihre finsteren Herzen jubilieren. Und ebenso die Christian Coalition und das chinesische Politbüro, was dem Ausdruck »Manchurian candidate«, wie ein ferngesteuerter Schläfer auf Englisch genannt wird, einen ganz neuen Sinn verleiht.

Noch etwas: Wer sind eigentlich diese »Bürger«, die sich zu Citizens United »vereinigt« haben? Wie konnte diese klitzekleine Gruppe einen Anwalt wie Ted Olson anheuern, um sie vor dem Obersten Gericht zu vertreten? Olson, ehemaliger US-Generalstaatsanwalt, arbeitet nicht für Klein-geld. Wie konnte sich Olson während dieses zeitaufwendi-gen Verfahrens finanziell halbwegs über Wasser halten? Anscheinend wurde er freigestellt von seinen juristischen Aufgaben bei ... Koch Industries.

13.

Karl Rove, vertraulich

Der Kongressabgeordnete Tim Griffin ist ein großer, GROS-
SER Unterstützer der XL-Pipeline. Und die Kochs sind große,
GROSSE Unterstützer des Kongressabgeordneten Griffin.
Von der Seite der Kochs kamen für Griffins Wahlkampf 2010
167 183 Dollar. Ich möchte das in die rechte Perspektive
rücken: Für 167 183 Dollar wäre ein durchschnittliches Kon-
gressmitglied bereit, Ihr Auto zu waschen – mit der Zunge.

Beträge dieses Kalibers gelangen nicht in die Hände eines
republikanischen Kandidaten ohne die hilfreiche Hand von
Karl Rove.

Als der Wahlrechtsanwalt Robert F. Kennedy jr. 2004 zu
unserem Rechercheteam stieß, sichtete er die jüngsten
Dokumente, die wir aus den Akten der Republikanischen
Parteizentrale gehamstert hatten. Und dann sagte er über
Karl Rove und seinen Partner Tim Griffin: »Was sie getan
haben, war absolut illegal – und sie wussten es *und haben es
trotzdem getan*. Griffin gehört ins Gefängnis.«

Aber Griffin kam nicht in den Knast, er kam in den Kongress. Auch Rove sitzt nicht im Gefängnis. Laut Akten des
Finanzamts ist er Direktor einer gemeinnützigen »Wohltätigkeits«-Organisation. American Crossroads GPS, von der
Steuer befreit nach Abschnitt 501(c)(4) des US-Steuergeset-
zes, mehrt die Wohlfahrt der Gesellschaft, indem sie Abgeordnete und Senatoren der Demokraten von ihren Sitzen im
Kongress stößt und die Demokraten aus dem Weißen Haus
entfernt.

Griffin gehört also ins Gefängnis, wie auch ein US-Bundesstaatsanwalt mir gegenüber äußerte. Wie Griffin im Kongress statt im Knast landen konnte, ist allerdings die faszinierendere Frage.

Es war nach Mitternacht, irgendwann in der ersten Oktoberwoche vor der Wahl 2004, als die E-Mails einzutreffen begannen.

Die Häuptlinge von George W. Bushs Wiederwahlkampagne hatten mich in den E-Mail-Verteiler für ihre intimsten und vertraulichsten Mitteilungen gesetzt – und Ollie, mein Recherchedirektor, machte mich stinksauer, weil er mich in meinem billigen Motelzimmer weckte, um mir diese hirnrissige Neuigkeit zu berichten. Ich saß mitten im Nirgendwo in den USA, meine Wahlrecherche für die BBC steckte in der Sackgasse, deshalb war ich nicht zu solch einem Bockmist aufgelegt.

Aber es war kein Bockmist. Es war ein Wunder. Karl Roves rechte Hand, Tim Griffin, Bushs Recherchedirektor (sprich, sein oberster Diffamierer), hatte an den Leiter von Bushs Wiederwahlkampf in Florida, Brett Doster, Material für eine widerwärtige Intrige geschickt. Statt Kopien an GeorgWBush.com zu senden, ihre interne E-Mail-Domain, hatte Griffin Kopien an GeorgeWBush.ORG geschickt, die Spaßwebsite meines Freundes John Wooden. Wooden leitete sie an uns zur forensischen Analyse weiter.

Da stand die Führung der Republikanischen Partei mit heruntergelassenen Hosen da und stellte nackt ihre Schwindeleien zur Schau.

Heilige Schande! Muss ich jetzt an Gott glauben?

Was an uns weitergeleitet worden war, erwies sich als elektronische Hintertür in die dunkelsten Winkel einer kriminellen Maschinerie zum Ausschluss ungenehmer Wähler.

Bis zum Morgen hatten wir Flüge nach Washington, D. C., und Tallahassee, Florida, gebucht, während unsere Rechercheleiterin Miss Badpenny die Dekodierungsarbeit übernahm. Wir wussten, dass eine Intrige im Gange war, aber worum ging es dabei genau?

Verräterische Memos fangen selten mit Sätzen an wie »Louie, so betrügen wir die Öffentlichkeit« oder »Brett, hier der Plan, um Florida zu stehlen«. Wenn so etwas da wirklich steht, ist es eine Fälschung.

Die Hinweise in diesen E-Mails waren ein bisschen schwerer zu knacken als die meisten anderen. Der rundliche kleine Geldsack Griffin hatte Doster mehrere E-Mails mit der kryptischen Betreffzeile *Caging.xls* geschickt, mit angehängten Exceldokumenten und knappen Botschaften wie »Hier noch eine Liste«.

Bei allen handelte es sich um sehr selektive Listen von Wählern mit Namen und Adressen. Was mir sofort auffiel, waren Namen wie Rodriguez, Washington und Goldberg – typische lateinamerikanische, afroamerikanische und jüdische Namen. Badpenny und das Team hatten die Adressen in einer Karte markiert und, wirklich, daraus ergab sich ein Streudiagramm von armen, vornehmlich von Minderheiten bewohnten Vierteln und Gemeinden mit Namen wie »Plantation, Florida«, die wirkten, als stammten sie direkt aus *Vom Winde verweht*. Es gab außerdem eine Liste jiddischer Namen aus Altersheimen: Die Republikanische Partei hatte es eindeutig auf die Alten Zions abgesehen.

Aber wozu?

Im Bush-Hauptquartier in Floridas Hauptstadt stimmte Wahlkampfleiter Doster einem Interview zu. Aber als die

BBC von mir verlangte, zu offenbaren, dass wir seine E-Mails mit den Aussortierlisten hatten, floh Doster wie ein Hase in sein Büro in Tallahassee und schickte sein Sprachrohr Mindy Tucker Fletcher vor, mit einem Cola-Becher in der Hand so groß wie eine Mörsergranate. Ihr stand ein Lakei zur Seite, der bei allem nickte, was sie sagte. Sie präsentierte eine höhnische Reihe von Erklärungen, die mit einem richtigen Hammer begann: Die Aussortierlisten, sagte sie, seien Aufstellungen republikanischer Spender.

Wirklich? Auch diese Leute? Das hier also waren Bush-Cheney-»Spender«, Leute, die allesamt in einem staatlichen Obdachlosenasyl lebten:

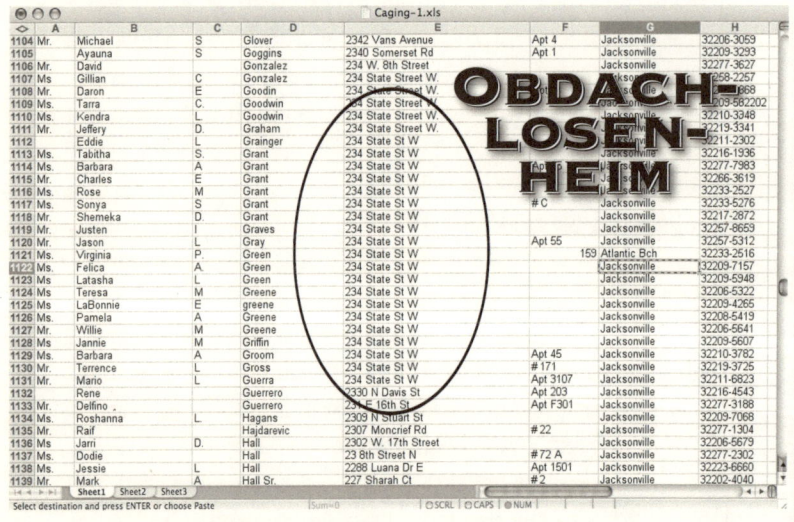

Seite um Seite enthielt die Aufstellung die Namen von Bewohnern von Obdachlosenheimen.

Wollen Sie es noch einmal versuchen, Frau Tucker Fletcher?

Eine Aussortierliste, im Fachjargon »caging list« genannt,

erklärte sie, sei ein technischer Ausdruck aus dem Junk-mail-Geschäft, das sich auf retournierte Anschreiben bezieht. Das wusste ich. Die Republikaner, fuhr sie fort, wollten keine Duplikate an die falschen Adressen schicken.

Ach was! Also, Mindy, Sie möchten mir also sagen, dass Karl Roves oberste Kampfdogge jetzt die Briefabteilung leitet und vertrauliche Nachrichten an den Parteivorsitzenden des Staates schickt – *um falsche Adressen zu korrigieren*?

Warum gebe ich Ihnen nicht noch einen Versuch, Mrs. Tucker Fletcher. Könnten dies, zufällig, Listen sein, um *systematisch die Registrierungen farbiger Wähler anzufechten*?

Mindy Tucker Fletcher grinste und erwiderte, vorsichtig: »Das ist keine Liste zum Anfechten von Wahlberechtigungen. Das ist nicht der Zweck, FÜR DEN SIE ANGELEGT wurde.«

Bingo.

Sehen Sie, wir hatten bereits einige Experten besucht, bevor wir zur Festung Bush fuhren. Nachdem wir die Liste Amerikas Junkmail-König Mark Swedlund gezeigt hatten, der mir schon bei vielen verdeckten Recherchen geholfen hat, besaß ich eine verdammt gute Vorstellung davon, worum es sich handelte – eine Meinung, die mir Floridas Bezirkswahlleiter Ion Sancho – ein anerkannter Experte für Wahlsysteme *und* Stimmenraub – unaufgefordert bestätigte. »Das kann nichts anderes sein als Listen zur Anfechtung der Wahlberechtigung. Und wenn das so ist, dann verstoßen sie gegen das Gesetz.«

Tatsächlich verstoßen sie gegen mehr als ein Gesetz, besonders wenn die Zielpersonen nach ethnischen oder religiösen Gesichtspunkten ausgesucht wurden. Zudem wären sie ein Bruch einer Einverständniserklärung: Jahre zuvor nämlich wurde die Führungsspitze der Republikanischen Partei, das Republican National Committee, dabei erwischt, massenhaft die Wahlberechtigung schwarzer Wähler in Wahllokalen anzufechten, und hatte versprochen, es nie wieder zu tun oder die Strafe für Eidbrüchigkeit auf sich zu nehmen.

Nun sah es so aus, als würden sie es wieder tun, aber auf die raffinierteste Weise. Bobby Kennedy erklärte das Spiel: »Sie verschicken Briefe an arme schwarze und lateinamerikanische Wähler mit der Anweisung, sie zurückzuschicken, aber nicht nachzusenden, sollten die Briefe nicht zustellbar sein. Ein zurückgeschickter Brief wird dann als ›Beweis‹ verwendet, dass die gelistete Adresse des Wählers falsch ist, woraufhin der republikanische Parteifunktionär den betreffenden Namen von der Wählerliste streichen lässt, oder ein Briefwahlzettel der betreffenden Person wird, wenn er per Post eingeht, nicht gezählt.«

Schwarze, lateinamerikanische und jüdische Wähler in dieser Weise aufs Korn zu nehmen ist nicht nur widerlich und rassistisch, es verstößt gegen das Wahlrechtsgesetz von 1965, das Kennedys verstorbener Vater Bobby sr. als Justizminister und sein Onkel Präsident John F. Kennedy mit entwarfen. Angesichts der Beweise schlug Bobby jr. vor, Griffin und Rove hinter Gitter zu stecken.

Aussortieren: Man schreibt registrierte Wähler – Soldaten, Studenten, Obdachlose und andere – an, benutzt »unzustellbare« Briefe als Beweis für falsche Adressen und fechtet damit ihre Registrierungen und eingesandten Briefwahlzettel an. Liebe US-Spezialkräfte im Ausland: Wissen Sie, wo Ihre Stimmzettel abgeblieben sind?

Aber wer hätte Griffin und Konsorten überhaupt anklagen sollen? Hätte Bushs Justizministerium etwa Mr. Griffin aufgefordert, die Beine zu spreizen, um ihm Handschellen anzulegen? *Den* Mr. Griffin aus Bushs Wahlkampfteam? Mr. Griffin, den Assistenten des Beraters von Präsident Bush?

14.

Die Hysteriefabrik

Zu Beginn des Wahljahrs 2004 war George W. Bush kein populärer Präsident angesichts all seiner Kriege und Milliardäre, die so wenig für den Rest der Amerikaner übrig ließen. Aber wenn möglichst viele der Wähler, die ihn nicht mochten, wenn die Unzufriedenen, die Afroamerikaner, die Latinos und die Juden ihre Wahlregistrierung verlören, wenn sie nicht wählen gingen, wenn sie *Angst* hätten zu wählen, dann ließen sich bei den kommenden Wahlen Wechselstaaten wie New Mexico, Ohio und Florida doch noch zu seinen Gunsten drehen.

Das musste doch zu machen sein, einfach indem man in massivem Umfang Namen aus den Wählerlisten strich, Wähler an der Stimmabgabe hinderte und die Gültigkeit abgegebener Stimmen bestritt. Heimlich, oder auch nur durch schiere Inkompetenz, verschwanden und verschwinden in der Folge Millionen von Stimmen, aber die Amerikaner sind so verliebt in das aufgehübschte TV-Bild ihrer Demokratie, dass sie davon nichts sehen und hören wollen.

»Wahlen«, so sagte mir Mary Frances Berry, die Vorsitzende der US-Bürgerrechtskommission, »werden nicht beim Auszählen gestohlen – sie werden durch *Nicht*zählen gestohlen« – eine Ansicht, die ausreichte, um Präsident Bush zu veranlassen, sie aus der Kommission zu werfen.

Karl Rove weiß: Um Wahlsiege in einem Land zu erringen, in dem weiße Wähler bald in der Minderheit sind, muss man dafür sorgen, dass bei den immer stärker ins Gewicht fallenden Minoritäten die Zahl der »Nichtstimmen« steigt. Die Säuberungen der Register, die Ablehnung von Stimmzetteln, die Torpedierung von Registrierungskampagnen, strengere Ausweisanforderungen und dergleichen mehr: Alles, was Wähler von der Stimmabgabe fernhielt oder ihre Stimmen ungültig machte, war für die Republikaner entscheidend. Wenn die Demokratische Partei mit dem Slogan warb, die Stimme »rocken zu lassen« – »Rock the Vote« –, mussten die Republikaner mit der heimlichen Losung »Block the Vote« dagegenhalten.

Paul Weyrich, mit 50 Millionen Dollar Mitgift von den Koch-Brüdern Mitbegründer der Heritage Foundation, nahm bei einem Dinner mit Ronald Reagan kein Blatt vor den Mund:

> »Nun leiden ja viele unserer Christen an dem, was ich das *Gu-Ri*-Syndrom nenne: gute Regierung. Sie wollen, dass alle wählen gehen. Ich will nicht, dass alle wählen. Wahlen werden nicht von einer Mehrheit der Menschen gewonnen, das wurden sie noch nie seit den Anfängen unseres Landes, und das werden sie auch jetzt nicht. *Tatsächlich geht unsere Durchschlagskraft bei den Wahlen ganz eindeutig nach oben, wenn das Wahlvolk abnimmt.*«

Zu »unseren Christen« zählen für ihn nicht jene Familien, die im Obdachlosenheim wohnen.

Die beste Methode, eine Wahl zu stehlen, besteht nun darin, die *anderen* des Wahldiebstahls zu bezichtigen. Wie sonst sollte man Amerikaner dazu bringen, die Säuberung Tausender Afroamerikaner als Straftäter aus den Wählerlisten zu tolerieren, die Abweisung lateinamerikanischer Wähler, wenn sie sich nicht als Staatsbürger ausweisen können, oder die Aussortierung von Briefwahlzetteln, weil die abwesenden Wähler für die Rücksendung einen Umschlag in der falschen Farbe benutzt haben?

Die Antwort: Dieses Stimmenfegefeuer – die widerrechtliche Säuberung von einer Million Bürgern aus den Wählerlisten, die Nichtzählung von 2,7 Millionen abgegebenen Stimmen und die Ablehnung von 2,9 Millionen Registrierungen – soll nur dazu dienen, den *Wahlbetrug zu stoppen.*

> »Ob sie es zugeben oder nicht, die Demokraten brauchen Gesetzesbrecher wie etwa illegale Ausländer – die illegal als Demokraten registriert werden – und Killer, Vergewaltiger und Räuber, um die Basis ihrer extrem linken Wählerschaft zu verbreitern.«

Das sagt Mike Baker von Fox News, mit dem mein Assistent Ronald Roberts sprach (was nicht »Ronalds« richtiger Name ist, aber wir wollen nicht, dass uns jeder Irre, den wir jagen, so leicht googeln kann). Bakers Zeitungsente vom mamamordenden mexikanischen Wähler hört nie auf zu schnattern.

Und das war Mindy Tucker Fletchers letzte Verteidigung. Ich fragte sie: Wenn die Wähler nicht zum *Zweck* der Anfechtung ihrer Wahlberechtigung aussortiert worden waren, würde die Republikanische Partei die Liste trotzdem *nutzen*, um die Berechtigung dieser Wähler anzufechten?

Ja, natürlich. »Man will doch nicht, das jemand unberechtigt wählt, nicht wahr?«

Nein, Mindy, das will man nicht.

Die Position der Republikaner geht so: Wenn die nach ihrer Registrierung an die Wähler verschickten Briefe als

»unzustellbar« zurückkamen, dann musste das bedeuten, dass diese durchtriebenen Wähler eine falsche Adresse angegeben hatten, um wählen zu können. Oder um doppelt wählen zu können. Das war Betrug, massenhafter Betrug. Es gab Zehntausende von Wählern auf diesen Listen, also nach Behauptung der Republikaner eine wahre Flutwelle der Kriminalität.

Wer waren diese betrügerischen Wähler mit den falschen Adressen? Al-Qaida-Leute, um die Wahlurnen mit gefälschten Stimmen zu präparieren? Die Los-Zetas-Bande aus Mexiko? Fidel Castros Agenten?

Unsere wackere Rechercheuse Badpenny kriegte keinen Schlaf vor lauter Anrufen bei all den Nummern, die sie herausfand, angefangen mit dieser Aussortierliste der Republikaner:

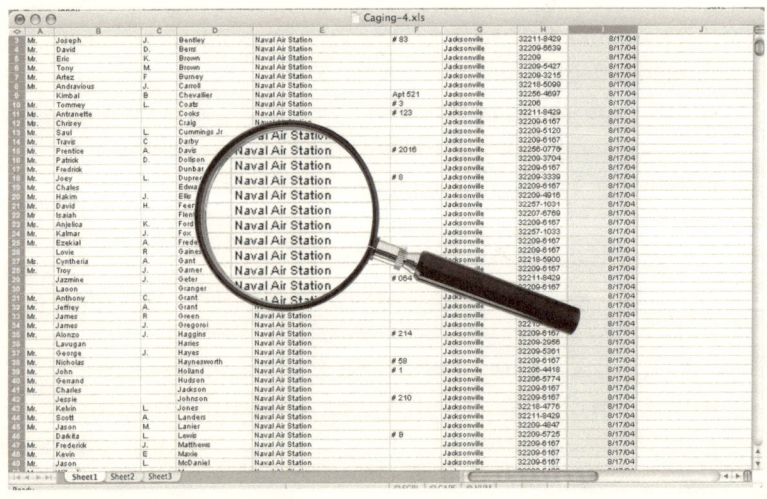

Seite um Seite verbrecherische Wähler, die in der Marineluftwaffenbasis Jacksonville gemeldet waren! Wie böse ist das denn?! Unser eigenes Militär als Deckmantel für massiven Wahlbetrug zu benutzen!

Es sei denn natürlich, es gab einen anderen Grund, warum die Matrosen und Flieger nicht daheim waren. Badpenny erreichte eine Familie und fragte nach dem verschwundenen Wähler.

»Randall ist in Übersee stationiert«, sagte Mrs. Prausa über ihren Soldatenehemann.

Oh.

Aktive Soldaten, die nicht in der Heimat stationiert sind, können per Briefwahl an der Wahl teilnehmen. Aber wenn die Funktionäre der Republikanischen Partei ihre Berechtigung anfechten, wird ihr eingesandter Stimmzettel zurückgewiesen – und das erfahren sie nicht einmal.

Gehen Sie in den Irak, verlieren Sie Ihr Stimmrecht. Mission erfüllt, Mr. Bush!

Tatsächlich ging ich die Listen mit Experten durch, darunter Wahlleiter Ion Sancho. Er wurde immer zorniger. Wer waren diese angeblichen Betrüger? Obdachlose Männer ohne einen Namen an der Tür. Studenten, die fort an der Uni waren. Leute, die innerhalb ihres Wahlbezirks umgezogen waren. Und die 20 Prozent der US-Wähler mit fehlerhaft geschriebenen Adressen, weil den Staatsbediensteten beim Eintrag in den Registrierungscomputer Tippfehler unterlaufen waren.

Jeder Trick, um das Wahlrecht eines US-Bürgers auszulöschen, jede rechtmäßig abgegebene Stimme, die in den Müll geworfen wurde, jeder legitime Wähler, der aus dem Wahllokal gewiesen wurde, jedes kranke Mittel, das eingesetzt wurde, um die Öffentlichkeit um ihr Wahlrecht zu prellen, war gerechtfertigt durch die hysterische Behauptung: *WAHLBETRUG!*

Aber als Journalist musste ich der Fairness halber die Beweise für Wahlbetrug unter die Lupe nehmen. Daher sprach ich persönlich mit dem Generalstaatsanwalt von Florida.

Sollte er jemanden ertappen, der sich illegal registrieren oder unberechtigt wählen will, so versicherte mir der Gesetzeshüter Bob Butterworth, würde er ihn verhaften und ins Gefängnis stecken. Schließlich beging ein illegaler Wähler, schlicht durch den Akt der Registrierung, eine (weitere) Straftat.

Ich erinnerte ihn daran, dass Katherine Harris über 91 000 illegal registrierte Straftäter gefunden hatte.

Wie viele Verhaftungen hatte er aufgrund ihrer Liste vorgenommen?

»Keine.«

Null, nix, niente.

Ich verstehe nicht. Es wäre doch ein Leichtes, diese Leute hochzunehmen: Schließlich haben *wir ihre Adressen, die stehen in der Registrierung.* Und sie kreuzen persönlich bei den Wahlen auf.

Wie viele Verfahren wegen Wahlbetrugs ergaben sich aus dieser Liste?

»Wir haben vielleicht ein halbes Dutzend Verfahren eingeleitet«, antwortete mir Floridas Generalstaatsanwalt.

Sechs von 91 000???!!!

Und wie sich herausstellt, wurden diese sechs Verfahren irrtümlich eingeleitet und wieder eingestellt. Betrügerische Wähler: null.

Und die Zehntausende von ausgeschlossenen Wählern? Die landesweit *Hunderttausende* von Wählern, die von der Republikanischen Partei aussortiert wurden? Wenn das betrügerische Wähler waren, warum wurden die Ge-

fängnisse nicht mit diesen verbrecherischen Schurken gefüllt?

Weil, sagt Dr. Lorraine Minnite, es praktisch keinen Wahlbetrug in den USA gibt. Minnite, Professorin an der Rutgers University, die tatsächlich die Strafakten durchforstet hat, entdeckte sechs – *sechs!* – Verurteilungen wegen Wahlbetrugs im Jahr unter 170 Millionen Wählern.

Da haben Sie Ihre Verbrechenswelle: Im gesamten untersuchten Zeitraum gab es in den USA *zwei* Verurteilungen pro Jahr wegen mehrfachen Wählens, zwei wegen Wählens ohne Besitz der amerikanischen Staatsbürgerschaft und zwei wegen Wählens als verurteilter Straftäter. (Das müssen die *dümmsten* Verbrecher aller Zeiten sein, wenn sie ins Gefängnis zurückgehen, nur um nicht die Gelegenheit zu verpassen, für eine Schulanleihe[7] zu stimmen.) Und wo ist der Delinquent, der die Identität eines anderen Wählers stahl? Existiert nicht.

Die Wahrheit ist, dass es mörderisch schwer ist, Menschen zu überreden, sich illegal zu registrieren oder illegal wählen zu gehen, da man dabei so absurd leicht ertappt wird und lange Haftstrafen zu befürchten hat. Santiago Juarez, der in mexikanisch-amerikanischen Vierteln Wähler mobilisiert, sagte mir: »Wie organisiert man eine doppelte Stimmabgabe von Tausenden von Menschen? Teufel, es ist schon schwer genug, die Leute zu bewegen, ein *einziges* Mal wählen zu gehen.« Identitätsdiebstahl, um zwei Mal zu wählen, das gibt es nicht.

Professorin Minnite brachte es auf den Punkt: »Die Behauptung, es gebe weit verbreiteten Wahlbetrug, ist selbst ein Betrug.« 2012 verloren fünf Millionen US-Bürger ihr Wahlrecht, um ein Verbrechen zu verhindern, das von zwölf Personen begangen wurde.

Und die wahren Kriminellen, die der mehrmillionenfachen Verletzung des Wahlrechtsgesetzes schuldig sind, die geben Interviews bei Fox News und PBS und sitzen im Kongress, nicht wahr, Mr. Griffin?

---

7 Schulbezirke in den USA emittieren Anleihen zur Finanzierung und Instanthaltung von Schulgebäuden, deren Ausgabe von der lokalen Wählerschaft autorisiert werden muss, was oft zusammen mit politischen Wahlen erfolgt. (A. d. Ü.)

15.

Tränen eines Klons

Im Mai 2007 eröffnete BBC Television die Abendnachrichten mit meinem Bericht über den neuen US-Staatsanwalt Griffin und die »Aussortierung« stimmberechtigter Soldaten aus den amerikanischen Wählerregistern.

Am nächsten Morgen trat Griffin zurück und gab seine Dienstmarke ab.

Der BBC-Bericht wurde zwar, wie gewöhnlich, von den US-Medien ignoriert, aber nicht vom Vorsitzenden des Justizausschusses des US-Repräsentantenhauses. Kongressabgeordneter John Conyers erreichte mich in London, um mir mitzuteilen, dass er Griffin vorladen werde.

Griffin hielt eine wahrhaft seltsame Pressekonferenz ab, in der er über »diesen britischen Reporter« jammerte und in Tränen ausbrach, und obwohl sein Name auf den E-Mails stand, mit denen die Listen zum Aussortieren von Wählern versandt worden waren, beharrte er darauf, er habe nie von einer solchen Praktik namens »caging« zum Aussortieren von Wählern gehört.

Wirklich nicht?

Niemand glaubte ihm. Niemand außer mir. Wenn er die Aussortierlisten nicht versandt hatte, *wer dann*? Wer würde die Rechte von Soldaten, Obdachlosen und alten jüdischen Omis bösartig und kriminell mit Füßen treten?

»Caging« ist ein technischer Ausdruck aus dem Direktmarketing mit Briefsendungen. Wer also kennt das Geschäft und kam an Griffins Computer heran?

Griffins Boss, Rove, kennt sich mit dem Aussortieren aus. Sehr gut sogar. Er wurde reich als Eigentümer einer Direktmarketingfirma und war während seiner College-Zeit beim Wiederwahlkomitee von Richard Nixon das Computerwunderkind, das für Nixon die Auswertung großer Datenbestände in die Politik einführte. Und er ist berühmt-berüchtigt dafür, nie seinen eigenen Computer zu benutzen.

Wer also nutzte Ihren Computer, Tim? Und ließ Sie dann als Staatsanwalt zurücktreten, über die Fakten schweigen … und brachte die Kochs dazu, Ihnen einen Sitz im Kongress zu kaufen?

Conyers teilte mir mit, dass er eine Fülle von Fragen darüber an Mr. Rove habe – der die Vorladung des Kongressabgeordneten schlicht ignorierte.

16.

Eine Frage der Ehre

Mag Bobby Kennedy auch der Meinung sein, dass Griffins Intrige zur Entfernung rechtmäßiger Wähler aus den Listen illegal war, von Bushs Justizministerium war kaum zu erwarten, dass es einen der eigenen Leute verhaften würde. Doch Griffin wollte kein Risiko eingehen, genauso wenig wie sein Boss, der stellvertretende Stabschef des Präsidenten und *consigliere* von Bushs Wiederwahlkampagne, Karl Rove.

Sie befürchteten, es könnte womöglich ehrliche Bundesstaatsanwälte geben. Diese hätten Probleme bereiten können wegen des *Plans* zum Ausschluss von Wählern und der Anfechtung von abgegebenen Stimmen bei den Wahlen von 2004, 2008 und darüber hinaus. Daher erging aus dem Justizministerium in Washington eine Direktive an die Bundesstaatsanwälte im ganzen Land: Jagt betrügerische Wähler. Den Strafverfolgern wurde allerdings nichts von der ungeschriebenen Fußnote der Direktive mitgeteilt: Erfolglose Jäger werden bald selbst zu Gejagten.

Auch ich jagte betrügerische Wähler – ein guter Journalist sollte bis zum Beweis des Gegenteils auch dem Bösen seinen guten Glauben schenken. Daher reiste ich nach New Mexico, um selbst einem illegalen ausländischen Killervergewaltiger-und-Identitätsdieb-Wähler das Handwerk zu legen.

Aber ich brauchte eine höllisch lange Zeit, um auch nur einen aufzuspüren, obwohl drei Millionen Bürger ihre

Stimme verloren hatten, um dieses schreckliche Verbrechen zu verhindern.

Aber dann, im Oktober 2008, hielt eine Gesetzgeberin in New Mexico, Justine Fox-Young, im Staatskapitol zwei Stück Papier in die Höhe, die, wie sie versicherte, 28 Fälle belegten, bei denen jemand im Namen eines anderen gewählt hatte. Es war keine richtige Verbrechenswelle, eher so ein leichtes Kräuseln. Ich rief sie also an und bat sie, mir die Beweise zu faxen. Sie tat es nicht. Ich rief sie noch einmal an und sagte der verbrechensbekämpfenden Politikerin: »Justine, Sie haben kriminelle Delikte aufgedeckt.«

»Oh, ja!«

Cool. Hatte sie diese Schurken also der Bundesstaatsanwaltschaft übergeben?

Äh-mmh.

Hat die Staatsanwaltschaft die Leute also verhaftet? Weggesperrt?

»*Eigentlich* nicht.«

Die Antwort lautete, *nicht im Entferntesten.* Ich rief den US-Staatsanwalt für New Mexico an, ein aufgehender Stern der Republikanischen Partei, David Iglesias. Er fand, dass die Beweise von Miss Fox-Young nur ein Haufen Quatsch mit Soße seien, wenn er auch nicht genau diese Worte benutzte, wie ich zugebe.

Iglesias hatte nicht eine einzige Person im gesamten Staat wegen Wahlbetrugs verhaftet, trotz der Tatsache, dass die republikanische Kampagne zur Verhinderung von »Wahlbetrug« in New Mexico zur Ablehnung von 28 000 Wählern und Stimmzetteln geführt hatte, beinahe alles Stimmen für die Demokratische Partei.

Mit anderen Worten, der für die Einhaltung des Gesetzes verantwortliche Amtsträger hatte keine einzige Person wegen eben jener Straftat verhaftet, die zur Rechtfertigung des Pogroms seiner Partei an lateinamerikanischen Wählern im ganzen Südwesten herhalten musste.

Ich war nicht der Einzige, dem auffiel, dass Hauptmann Iglesias (er war als einer der höchsten Generaladjutanten der US-Marine Reservist geblieben) keine Wahlbösewichter dingfest machte.

Um diese Zeit herum entdeckte ich, dass Allen Weh, Vorsitzender der Republikanischen Partei von New Mexico, und Pat Rogers, der Justiziar der Partei, sich beim Weißen Haus über Iglesias' Versäumnis beklagten, diese Latino-wähler in Handschellen zu legen, nachdem sie ihm 50 Namen geschickt hatten, wahrscheinlich aus den Aussortierlisten.

Iglesias war, wie er mir 2008 mitteilen konnte, »mit FBI-Agenten kreuz und quer über sämtliche Plateaus von New Mexico gerannt«, um diese betrügerischen Wähler aufzuspüren, habe dabei aber nichts als rechtschaffene Bürger gefunden.

Das war den Parteiapparatschiks nicht genug.

Der Parteivorsitzende Weh und sein Justiziar Pat Rogers holten sich einen Vollstrecker aus dem Weißen Haus: Karl Rove.

In meinem Metier kommt mir einiges zu Ohren, das Sie schaudern lassen könnte, aber was mir Hauptmann Iglesias an jenem Tag im Jahr 2008 erzählte, gehört zum Erschreckendsten, was ich je von einem amerikanischen Amtsträger gehört habe.

Die republikanischen Parteibosse der Landes- und Bundesebene verlangten von ihm, dass er *Wähler einlochte, egal ob Beweise gegen sie vorlagen*. Sie wollten, dass er unschuldige Menschen anklagte, damit sie eine Rechtfertigung für ihre Gesetze zur Unterdrückung von Wählerstimmen bekämen.

»Ich war ihnen bei ihrer falschen Betrugsstrafverfolgung nicht behilflich«, kommentierte Iglesias.

Roves Kumpels machten Druck auf Iglesias, aber da waren sie an den Falschen geraten. Hauptmann Iglesias war eines der Vorbilder für die Figur des kämpferischen Militärverteidigers, die in dem Film *Eine Frage der Ehre* von Tom Cruise gespielt wurde. Hier ein Foto von Iglesias' Filmdouble, wenn auch mehr als ein paar Frauen den echten für den Besseraussehenden halten.

Der echte Iglesias sagte den Rove-bots, sie sollten sich ihre erfundenen Strafverfolgungsgründe dahin stecken, wo die Stimmen nicht scheint.

Also wurde Iglesias von Präsident Bush gefeuert. Und er war nicht der Einzige. Sieben weitere US-Staatsanwälte, gute Republikaner, aber Leute mit Berufsethos, wurden vom Weißen Haus des Amtes enthoben und durch gefügige Rove-bots ersetzt.

Zuerst bemerkte es die Presse nicht. Iglesias wurde offiziell wegen »Fehlzeiten im Dienst« entlassen – weil er vom Präsidenten aus der Reserve in den aktiven Dienst versetzt und nach Bosnien geschickt worden war, um Kriegsverbrechen zu ermitteln.

Die Presse stellte keine Fragen, aber einer meiner Fans tat es, der Kongressabgeordnete John Conyers, der sich stets über unsere Recherchen für BBC auf dem Laufenden hielt. Nachdem er meinen BBC-Bericht über die Unterdrückung von Wählerstimmen in den USA gesehen hatte, rief mich Conyers an, dann berief er Anhörungen in der Sache ein. Er hatte eine Fülle von Beweisen, dass die Entlassungen unrechtmäßig waren.

Aber das Problem, erklärte mir Conyers, bestand darin, dass seine Kollegen im Kongress nicht dem wahren Motiv für die Entlassungen auf den Grund gehen wollten: die Unterdrückung der Stimmen von Bürgern der Minderheiten. Conyers, Vorsitzender des Black Caucus, der Gruppe der schwarzen Kongressabgeordneten, hatte mit der Schwierigkeit zu kämpfen, dass er während seiner Zeit als Vorsitzender des Justizausschusses des Repräsentantenhauses einer Mehrheit von Republikanern und anderen Mitgliedern des »White« Caucus des Kongresses gegenüberstand.

So konzentrierte sich der Ausschuss ausschließlich darauf, dass die Kündigungen »politisch« motiviert seien. Und eine auf die Wiedergabe von Pressemitteilungen beschränkte Berichterstattung in den US-Medien stellte es genau so dar und drang nie bis zum eigentlichen Grund vor. Vor allem aber blockierte Bushs Weißes Haus Conyers' Vorladung für den Boss des »Aussortiermeisters« Griffin, Karl Rove.

Conyers zwang Griffins Spezis im Justizministerium, ihre

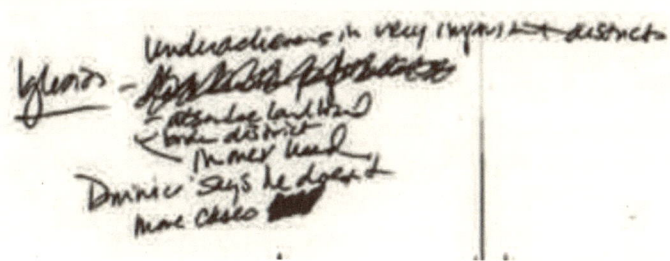

Akte über die Entlassung von Iglesias herauszurücken, die diese belastende Notiz enthielt:

»Iglesias – Versager in sehr wichtigem Bezirk.« Gemeint ist das Versagen, unschuldige Wähler zu verhaften.

»Bleibt dem Amt fern.« Gemeint sind vierzig Tage Reservistenübung bei der Marine. Die Entlassung eines Offiziers im aktiven Dienst ist eine Straftat, aber Teufel, das ist gar nichts verglichen mit dem nächsten Verbrechen auf der Liste.

»Bringt laut Domenici keine Verfahren in Gang.« Damit ist der republikanische Senator Pete Domenici gemeint, der Iglesias laut dessen Auskunft aus dem Bett holte, um ihn aufzufordern, die Anklage eines Demokraten vor der Wahl zu beschleunigen.

Huch. Domenici gibt einem US-Staatsanwalt Anweisung, Bürger anzuklagen, und attackiert ihn dafür, »nicht in Gang« zu kommen, wenn ihm der Senator die Anweisung dazu gibt.

Ich fragte den Staatsanwalt, ob Rove für seine Entlassung gesorgt habe als Strafe dafür, keine falschen Anklagen zu erheben. »Wenn es seine Absicht war, zu sagen: ›Schaut her, was mit Iglesias passiert ist‹, wenn das sein Ansinnen war, dann ist er in großen Schwierigkeiten. Das ist *Behinderung der Justiz*, ein klassisches Beispiel.«

Iglesias zahlte es ihnen mächtig heim. Der Hauptmann und acht weitere Staatsanwälte reagierten sehr empfindlich auf das Verlangen, Verfahren mit erfundenen Anschuldigungen einzuleiten. Das untergrub den Versuch der Republikaner, neue Gesetze mit strengeren Identitätsnachweisen für Wähler durchzusetzen. Das Scheitern, illegale Wähler aufzutreiben, strafte ihre Kampagne Lügen, mit der sie beweisen wollten, dass die beste Organisation zur Wählerregistrierung des Landes, ACORN (Association of Community Organizations for Reform Now) betrügerische Wähler registriert habe. ACORN zur Strecke zu bringen war die Obsession des republikanischen Parteifunktionärs Pat Rogers, der dies zu einem nationalen Projekt der Republikaner und anderer Politiker des White Caucus machte, als Anwalt des »überparteilichen« American Center for Voting Rights, das sich angeblich für das Wahlrecht stark macht. Es wäre besser in American Center *Against* Voting Rights umbenannt worden. Alles, was die Initiative vorschlug, hätte die Zahl der wählenden Bürger in den USA um Millionen verringert.

Ich wollte Rogers fragen, warum er Rove hinzugezogen hatte und warum er Hauptmann Iglesias hatte abschießen lassen. Aber Rogers wollte meine förmliche Anfrage für BBC TV nicht beantworten. Ich vermutete, dass er sich den Gratischampagner auf der republikanischen Siegesfeier nicht entgehen lassen würde, daher versuchte ich es dort. Auf der Soiree, zu der ich eine Presseakkreditierung unter falschem Namen erhielt, erblickte ich Rogers, der gerade zum Champagnerschlürfen ansetzte, und erfuhr seine persönliche Ansicht über meine journalistischen Fähigkeiten mit Hilfe eines versteckten Mikrofons. »Er ist ein Arschloch«, raunte er einem Spezi zu, bevor er mich unter laufenden Kameras warmherzig begrüßte.

»Iglesias war in seinem Job unfähig.« Was anscheinend wohl bedeutete: beim Jagen von ACORN.

»ACORN hat eine Menge Leute eingestellt, die betrügerisch Personen registrierten, die nicht wählen dürfen. ACORN arbeitet für die Demokratische Partei«, schwadronierte Rogers. (Er trug einen Flaggensticker am Revers, den die Partei an alle Champagnerschlürfer ausgeteilt hatte. Ich

erhielt als Werbegeschenk einen republikanischen Flaggensticker. Er ist noch immer in Folie eingeschweißt. Schauen
Sie hin: *Made in China*.)

Hatte Rogers eine Verschwörung zwischen ACORN und

der Demokratischen Partei aufge-
deckt – noch dazu verschleiert von
US-Staatsanwalt Iglesias, einem
Republikaner? *Wow!*

»Verschwörung«, erwiderte
Rogers mysteriös, »ist ein unge-
naues Wort.« Rogers liebt unge-
naue Wörter. Er veranstaltete eine
Pressekonferenz, auf der er eine
Liste von einem halben Dutzend
von ACORN registrierten betrügerischen Wählern schwenkte. Mit
diesem Full House illegaler Wähler machte Rogers in den Zeitungen mächtig Wirbel. Dann ließ ihn
Iglesias wie einen kompletten Deppen aussehen, als er nicht
einen davon verhaftete.

Was soll's, selbst ein Arschloch von einem Reporter wie
ich wird Rogers eine Chance geben. Ich überprüfte alle sechs
dieser gesetzlosen Übeltäter. Ich begann in einem Lokal in
Cerritos, wo ich Melissa Tais aufspürte, berüchtigt dafür,
dass sie einen anderen Wähler mit einer anderen Unterschrift ihren Namen benutzen ließ, damit sie und ihr Kom-
plize zwei Mal wählen konnten.

In Wirklichkeit hatte sie eine Registrierung an einem
ACORN-Tisch ausgefüllt, aber nie eine Bestätigung erhalten. Gemäß den gesetzlichen Vorschriften registrierte sie
sich abermals, dieses Mal, während sie das Formular in der

Hand hielt, daher war die Unterschrift etwas krakelig – was zu zwei zugegeben unterschiedlich aussehenden Unterschriften führte.

Hat sie nun aber zwei Mal gewählt? Nein. Kreisbeamte nahmen sie zu einer Anhörung mit, was ihr derart an die Nieren ging, dass sie überhaupt nicht mehr wählen wollte. Und genau das war ja die Absicht.

Aber Iglesias wollte nicht mitspielen, und ACORN registrierte weiter lateinamerikanische und ärmere Wähler, bis 2009, als Andrew Breitbart (der seither an den Busen Satans zurückgekehrt ist) eine lächerliche verdeckte Ermittlung aufbauschte, die nichts mit dem Wählen zu tun hatte – und damit ACORN aus dem Registrierungsgeschäft warf. (Der einstige Anwalt von ACORN, Barack Obama, wandte seinen Blick ab, als die Medienschakale die Armeninitiative zerfleischten, und zahlte für seine Kleinherzigkeit 2010, als der Kongress vom Blau der Demokraten zum Rot der Republikaner wechselte.)

Die Entlassungen der US-Staatsanwälte kamen gerade rechtzeitig zur Wahl von 2008. Iglesias war natürlich nicht allein. Tom Heffelfinger, republikanischer US-Staatsanwalt für Minnesota, stand auf der Abschussliste, weil er Wähler der amerikanischen Ureinwohner vor einem Angriff durch den republikanischen Innenminister von Minnesota verteidigt hatte. Iglesias rief seinen Kumpel in Arkansas an, der aufgrund ähnlicher Gewissensbisse abgesägt worden war, aber eingewilligt hatte, kampflos beiseite zu treten, damit sein Freund, Präsident Bush, seine eigene Wahl treffen konnte.

Und Bushs Wahl fiel auf ... *Tim Griffin.*

Statt als Verbrecher belangt zu werden, wurde er nun also

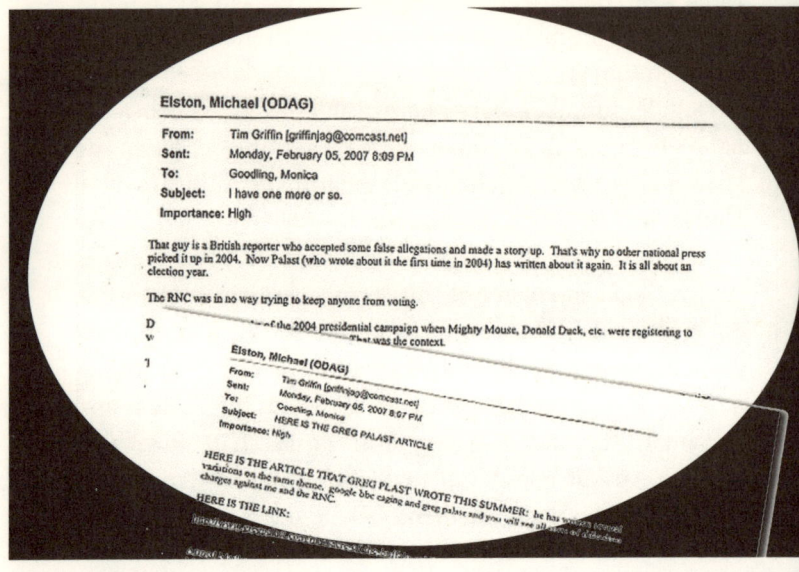

Elston, Michael (ODAG)

From: Tim Griffin [griffinjag@comcast.net]
Sent: Monday, February 05, 2007 8:09 PM
To: Goodling, Monica
Subject: I have one more or so.
Importance: High

That guy is a British reporter who accepted some false allegations and made a story up. That's why no other national press picked it up in 2004. Now Palast (who wrote about it the first time in 2004) has written about it again. It is all about an election year.

The RNC was in no way trying to keep anyone from voting.

D   of the 2004 presidential campaign when Mighty Mouse, Donald Duck, etc. were registering to
w   That was the context.

1

> **Elston, Michael (ODAG)**
>
> From: Tim Griffin [griffinjag@comcast.net]
> Sent: Monday, February 05, 2007 8:57 PM
> To: Goodling, Monica
> Subject: HERE IS THE GREG PALAST ARTICLE
> Importance: High
>
> HERE IS THE ARTICLE THAT GREG PLAST WROTE THIS SUMMER: he has written several
> variations on the same theme. google bbc caging and greg palast and you will see all sorts of defenses
> charges against me and the RNC.
>
> HERE IS THE LINK:

befördert: Auf Karl Roves Geheiß wurde Tim Griffin zum US-Staatsanwalt für Arkansas ernannt.

17.

Säubern, was das Zeug hält

Manche lesen Schundliteratur, um einzuschlafen, ich bevorzuge es, mich mit Statistiken in den Schlaf zu schmökern. Leider wurde ich bei einer davon hellwach: dem Jahresbericht der US Election Assistance Commission. (Präsident Bushs Berater Mr. Rove hatte die Federal Election Assistance Commission vorgeblich mit dem Ziel aus der Taufe gehoben, ein »weiteres Florida« zu verhindern. Wenn Rove und Bush Ihnen sagen, sie möchten Ihnen bei der Wahl »helfen« … nun, Sie verstehen den Witz.)

In dem Bericht tauchte eine seitenfüllende Tabelle in winziger Schrift auf mit dem Titel »Wählerlistenpflege: Löschungen«. Sie listete 56 Bundesstaaten auf (vergessen Sie nicht die Virgin Islands, Washington, D. C., Samoa etc.) und wies die Zahl der Namen aus, die vom Innenministerium jeden Staates getilgt worden waren, eine Ziffer gefolgt von einem Komma und einer weiteren Ziffer: Wyoming 4,5 Prozent, South Dakoka 5,4 Prozent und so weiter. Aber ein Staat ragte, wie ein entzündeter Pickel, mit einer zusätzlichen Ziffer einsam heraus: Colorado: 19,4 Prozent.

Das musste ein Tippfehler sein. Falls nicht, bedeutete dies, dass die Innenministerin von Colorado, die Republikanerin Donetta Davidson, 19,4 Prozent oder beinahe ein Fünftel der Wähler aus den Wählerregistern getilgt hatte. Ich überprüfte die Rohdaten und prüfte alles noch einmal. Ja, beinahe eine halbe Million Wähler waren mit einem Druck auf die Löschtaste getilgt worden.

Junge, Katherine Harris wird neidisch sein, wenn sie davon Wind bekommt.

Und Colorado ist der wechselhafteste aller Wechselstaaten, den es gibt. Die Experten beobachteten, wie der Bundesstaat vom Sieg der Demokraten 2008 zu einem Erdrutschsieg der Republikaner zwei Jahre darauf schwenkte. Die Experten brabbelten etwas über den Einfluss der Tea Party. Über die Wählerlisten verloren sie kein Wort.

Ich rief das Büro der Innenministerin an und bat um Bestätigung der Zahl und ein Interview. Niemand wollte meinen Anruf erwidern.

Vielleicht hatten sie Probleme mit der Telefonleitung. Also flog ich nach Denver mit der Info über die Wählerlisten in der Hand und Belegen, die ich aus den Standesämtern mehrerer Bezirke zusammengetragen hatte (dank der Hilfe eines Teams vor Ort unter Leitung von Claudia Kuhns vom Public Integrity Project), und marschierte zum Büro der Innenministerin. Wo ich ausgesperrt wurde.

Ich rief den Presselakai der Innenministerin mit meinem Handy an.

»Greg Palast hier. *Rolling Stone* und BBC TV. Hören Sie, ich würde sehr gern mit der Innenministerin sprechen, oder mit Ihnen oder mit sonst jemandem, der mir erklären kann, was hier mit diesen Wählerlisten vor sich geht.« *Klick*. Ich durfte nicht mal mit dem Fahrstuhl nach oben fahren.

Da ich bereits meine Vielfliegermeilen aufgebraucht hatte, um nach Denver zu kommen, schaute ich im Büro von Paul Hultin vorbei. Er leitete die Task Force Wahlen des Gouverneurs. (Wenn Politiker Problemen aus dem Weg gehen wollen, setzen sie eine Task Force ein.) Hultin, ein Anwalt von untadeliger Integrität, kennt sich aus. Die Säuberung in Colorado machte ihn krank.

Während die Task Force eifrig damit beschäftigt war, ihre Aufgabe zu erledigen (den Bericht darüber sollte sie einen Monat *nach* der Wahl vorlegen), war die Innenministerin eifrig damit beschäftigt, mit der Scheuerbürste die Wählerlisten zu säubern. Und Hultins Task Force wurde darüber im Dunkeln gelassen.

Hultin musste sich um andere Dinge kümmern. Ein Bundesrichter hatte geurteilt, dass Colorados elektronische Wahlmaschinen »miserabel« seien, von Fehlern geplagt, der Traum eines jeden Hackers. Mit anderen Worten, genau das, was Rove angeordnet hatte. Im Jahr 2009 versprach Colorado dem Richter, dass man wieder zu Wahlzetteln aus Papier übergehen würde – gleich *nach* der Wahl 2012.

Und auch das entdeckte ich: Nur eine Woche vor der Wahl 2004 zog Innenministerin Davidson eine Nummer im Stil von Kate Harris ab, das heißt, sie entfernte mehrere Tausend Wähler aus den Wählerlisten des Staates, weil sie »Straftäter« seien.

Was das so bemerkenswert macht, ist, dass Colorado anders als Florida *Ex-Knackis gar nicht von der Wahl ausschließt.*

Tatsächlich verbietet ein Bundesgesetz die Säuberung von Wählerlisten 90 Tage vor einer Präsidentschaftswahl, um den Wählern Zeit einzuräumen, gegen den Verlust ihrer Bürgerrechte Widerspruch einzulegen. Aber damit kein Opfer Fragen stellen konnte, zog sie die Sache nur wenige Tage vor der Wahl durch.

Um ihre Maßnahme vom Bundesgesetz auszunehmen, berief sich Innenministerin Davidson auf eine »Notlage«. Die einzige »Notlage« in Colorado schien allerdings darin zu bestehen, dass Demokraten und Republikaner in den Umfragen völlig gleichauf lagen.

Warum die plötzliche Säuberung? Davidsons Verantwortlicher für die Durchsetzung der Wahlgesetze war Drew Durham, der zuvor für den Generalstaatsanwalt von Texas gearbeitet hatte. Dessen ehemalige Sprecherin hatte dies über Mr. Durham zu sagen: Er sei »ungeeignet für ein öffentliches Amt … ein Mann, der in der Vergangenheit durch Rassismus und ideologischen Fanatismus aufgefallen ist«.

Mit anderen Worten, bestens für den Job geeignet.

■ ■ ■

Donetta Davidson hatte Katherine Harris eindeutig als Königin der Wählerlistensäuberung entthront, indem sie die Register Colorados noch weißer als weiß schrubbte. In Würdigung ihres Werks ernannte Präsident George Bush sie zur Vorsitzenden der Election Assistance Commission, ein Posten, von dem aus sie das Großreinemachen der Wählerlisten der gesamten Nation und der Wahlmaschinerie dirigieren konnte.

Da sie bereits nach Washington geflogen war, um ihren Posten als Säuberungsgeneralin der Nation anzutreten, sprang ich in eine Maschine zum Kapitol. Dort nahm Donetta die Gelegenheit wahr, mich auch aus ihrem neuen Büro auszuschließen.

Heute, unter Präsident Obama, steht die Tür der Election Assistance Commission offen … aber niemand ist daheim. Es gibt kein einziges Ausschussmitglied – die Republikaner im US-Senat wollen keine Ernennung von keiner Partei bestätigen und haben die Finanzierung der Kommission nahezu gestrichen. Eine der Einsparmaßnahmen: Die Wahlkommission wird ihren Bericht mit den Säuberungsstatistiken nicht mehr herausgeben, der mich auf den größten

Angriff auf die Bürgerrechte gestoßen hatte, seit der Ku Klux Klan Martin Luther Kings Demonstrationsmarsch auf dem Weg von Selma nach Montgomery zusammenschlug.

Aber solange sie dort war, leistete Donetta zusammen mit Innenministern der US-Bundesstaaten ganze Arbeit. Von 2004 bis 2006 wurden Computer auf die Wählerlisten losgelassen und fraßen wie eine wildgewordene Pac-Man-Horde zehn Millionen Namen weg.

Und dieses Jahr hat sich die Schlagzahl noch einmal erhöht.

Hat die Presse es bemerkt? Oh, ja: Amerikas Medien sind zu dem Schluss gelangt, dass noch nicht genug Wähler ausgeschlossen wurden. Das *Wall Street Journal* brachte die phantasmagorischen Behauptungen über Wählerbetrug von John Fund, der behauptete, es gebe noch Legionen illegaler Wähler in den Registern.

■ ■ ■

Trotz des urbanen Mythos wählender Karteileichen sind Tote, die ihre Stimme abgeben (durch Lebende, die ihre Namen benutzen), praktisch nicht bekannt. Dr. Minnite untersuchte 27 Fälle verstorbener Wähler in Detroit im Bundesstaat Michigan. Sie waren von dem »Experten« Thor Hearne angeführt worden, der daraufhin von den republikanischen Kongressabgeordneten durch die Anhörungen paradiert wurde. Es handelte sich bei allen um Personen, die ihre Stimme per Briefwahl abgegeben hatten. In jedem einzelnen verifizierten Fall der untersuchten Zombiewähler hatten die Toten noch selbst die Briefmarke abgeleckt, sie alle waren jedoch nach dem Abschicken ihrer Wahlzettel verstorben.

Im Dezember 2006 gab die Election Commission die Magna Charta der Wahlbetrugshysterie heraus, mit dem Schundromantitel *Election Crimes* (»Wahlverbrechen«). Der Bericht behauptete, es seien »über 40 000 Fälle« von Wahlbetrug und Einschüchterung überprüft worden, darunter »Briefwahlbetrug, Wahlregistrierungsbetrug, Mehrfachwählen, Wahlbeteiligung Vorbestrafter, Stimmenkauf«.

Natürlich sagte der Bericht nicht ausdrücklich, es habe 40 000 betrügerische Wähler oder irgendeine Wählerstimme zum Kauf auf eBay gegeben oder Zigmillion »Serienmehrfachwähler«, die von Wahllokal zu Wahllokal jagten, um stapelweise Stimmzettel auszufüllen. Sehr wohl aber erweckte er diesen Eindruck.

Die beiden Autoren der »Wahlverbrechen« waren Job Serebrov und Tova Wang. Dr. Wang ist eine der angesehensten Namen auf dem Gebiet der Wahlintegrität, ihre Koautorschaft bei *Election Crimes* war daher erstaunlich. Und sie war eine Lüge. Sie hatte den Bericht nicht verfasst. 2008 traf ich Dr. Wang in Washington.

Ich zeigte ihr die *Crimes*; sie erklärte, das Werk sei nicht von ihr. Dann zeigte ich ihr die Kopie einer Studie, die ich erhalten hatte, mit dem Titel *Voting Fraud and Voter Intimidation* (»Wählerbetrug und Wählereinschüchterung«). Das ist die Untersuchung, die sie tatsächlich mit ihrem politisch konservativen Partner Serebrov verfasst hatte – nicht der Reißer, der in ihrem Namen herausgegeben worden war. Nicht im Mindesten.

Dann erzählte mir Dr. Wang eine Geschichte, die mich dazu brachte, aus dem Fenster zum Kapitol zu blicken, um sicherzugehen, dass ich mich nicht in Nordkorea befand.[8] Der echte Bericht kam zu dem Schluss:

> »Strenge Ausweisbestimmungen zur Wähleridentifizierung führen dazu, dass vollkommen teilnahmeberechtigte Wähler – darunter überproportional viele Wähler aus Minderheiten und dem älteren Teil der Bevölkerung, die überproportional demokratisch wählen – ihr Stimmrecht verlieren.«

Zehnmillionen Wähler verloren ihre Stimme durch den hysterischen, verlogenen Kreuzzug, der angeblich geführt wurde, um den bösen Machenschaften der Wahlbetrüger einen Riegel vorzuschieben. Und wie viele dieser Übeltäter gibt es? Das war die Stelle, an der sie bemerkte:

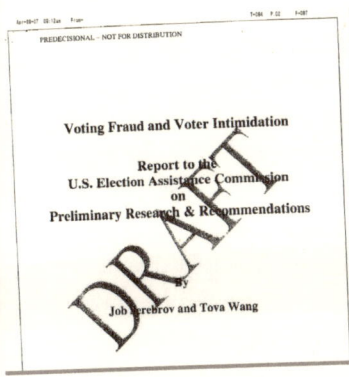 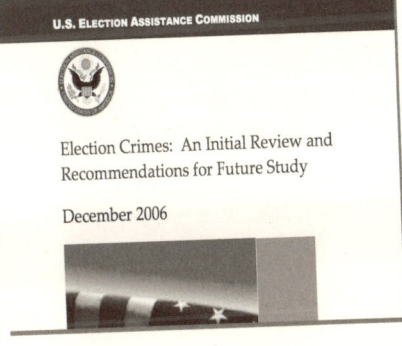

---

8 Ich ermutige Sie, die gesamte Unterhaltung mit Dr. Wang zu lesen und sie in dem Film *Billionaires & Ballot Bandits* kennenzulernen, den Sie unter www.BallotBandits.com herunterladen können.

»Ich würde sagen, Ihre Chancen, vom Blitz getroffen zu werden, stehen weit höher, als eine Person ohne Staatsbürgerschaft zu finden, die an einer Wahl teilgenommen hat.«

Sie und ihr Expertenkollege zogen den Schluss, dass das wahre Wahlproblem in Amerika die »Einschüchterung« und »Unterdrückung« von Wählern durch Leute wie die Innenministerin von Colorado, Donetta Davidson, sei.

Aber dann geschah etwas. Dr. Wangs Boss, *Donetta Davidson*, und andere von Bush ernannte Amtsträger hinderten sie daran, mit Mitgliedern des Bundesausschusses zu sprechen. Sie schrieben ihren Bericht um, stellten ihre Befunde auf den Kopf, gaben ihm den Titel *Election Crimes*, beließen ihren Namen darunter und nutzten somit das damit verbundene Renommee und befahlen ihr, ihren @#$% Mund zu halten, andernfalls würde sie gefeuert. Und sie gingen noch weiter: Die Bush-Administration würde sie verklagen, in den Bankrott treiben, sie vernichten, wenn sie den Mund aufmachte, selbst wenn sie kündigte.

Sie machte den Mund auf, verlor ihren Job, dann wehrte sie den juristischen Angriff der Regierung mit Hilfe eines Pro-bono-Anwalts und einigen entrüsteten Kongressabgeordneten ab (es gibt auch noch ein paar von solchen).

Aber der Schaden war angerichtet: Die amerikanische Bundesregierung hatte sich offiziell hinter Säuberungen, gesetzliche Bestimmungen zur Wähleridentifizierung und all die anderen Instrumente des neuen Diskriminierungsangriffs auf Minderheiten bei den Wahlen gestellt. Und 2016 werden noch mehr zu den fünf Millionen Bürgern hinzukommen, denen ihr Wahlrecht bereits geraubt wurde.

AUS *GERN GESCHEHEN, MR. PRESIDENT!*
EINE ERMITTLUNG VON GREG PALAST
WWW.GREGPALAST.COM

1

ERINNERN SIE SICH AN KARL ROVE?

SIE WOLLTEN »BUSHS ARCHITEKTEN«
WOHL VERGESSEN.

ROVE HAT EINEN PLAN, UM DAS WEISSE HAUS ZURÜCKZUGEWINNEN.

»Wenn der Anteil [der schwarzen Wähler] an der Wahlbeteiligung in North Carolina nur um einen Prozentpunkt sinkt, wird der Gewinnvorsprung [der Demokraten] dort zweieinhalbfach ausgelöscht.«

WIE JÜNGSTE WAHLEN BEWEISEN, SIND DIE REPUBLIKANER VERDAMMT GUT DARIN, SCHWARZE VON DER WAHL FERNZUHALTEN.

LANGE SCHLANGEN VOR DEN WAHLLOKALEN IN SCHWARZEN WAHLBEZIRKEN

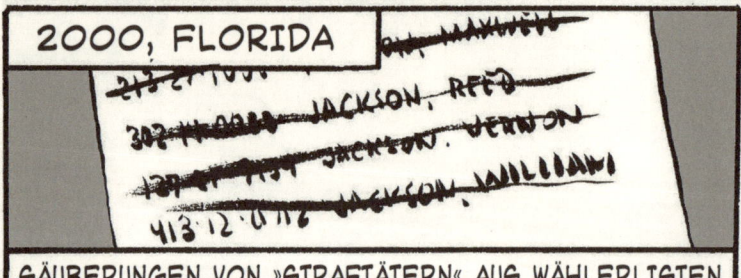

SÄUBERUNGEN VON »STRAFTÄTERN« AUS WÄHLERLISTEN

SCHLÄGERTYPEN BEFRAGEN SCHWARZE WÄHLER

MANCHE BÜRGER MÖGEN FRAGEN: WO IST DER UNTERSCHIED? CLINTON UND TRUMP SIND BEIDE ZU SEHR DEN KONZERNEN VERPFLICHTET.

BERNIE SANDERS

ABER WEM DIE DEMOKRATIE AM HERZEN LIEGT, DER SORGT SICH AUCH UM GESTOHLENE WAHLEN – GANZ GLEICH, VON WELCHER SEITE SIE GEKLAUT WERDEN.

PSST – DEMOKRATEN TUN ES AUCH.

ABER NICHT SO VIEL.

Säubern.   Abweisen.
Aussortieren.   Ablehnen.
Für ungültig erklären.   Verschwinden lassen.
Rauswerfen.   Wegwerfen.
                          Gefälschte Wahlzettel.
                     Und jetzt: Datenabgleich.

6

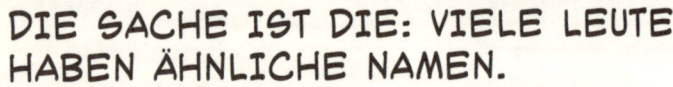

UND WEIL IN DEN USA MEHR SCHWARZE
ARM SIND UND SICH SELTEN EINEN
GUTEN ANWALT LEISTEN KÖNNEN, SIND
VERHÄLTNISMÄSSIG MEHR VERURTEILTE
STRAFTÄTER SCHWARZ.

Schwarze machen
13% der
US-Bevölkerung aus

aber **39%** der Häftlinge

DA MENSCHEN MIT ÄHNLICHEM ETHNISCHEN
HINTERGRUND NICHT SELTEN ÄHNLICHE
NAMEN HABEN, HAT DIE SÄUBERUNG EINER
LISTE MIT SCHWARZEN STRAFTÄTERN
ALLEIN AUF BASIS VON NAMENS-
ENTSPRECHUNGEN DEN EFFEKT, AUCH
GESETZESTREUE SCHWARZE ZU SÄUBERN.

GESETZESTREUE BÜRGER VERLIEREN IHR WAHLRECHT, EINFACH WEIL IHRE NAMEN DENJENIGEN VON KRIMINELLEN ÄHNELN, MIT DENEN SIE NIE ETWAS ZU TUN HATTEN.

SCHWARZE WÄHLEN ÜBERWÄLTIGEND DEMO-
KRATISCH. (JOHN KERRY ERHIELT 2004 88 %
DER SCHWARZEN STIMMEN, OBAMA 2008 96 %.)
NATÜRLICH LIEBEN REPUBLIKANISCHE
PARTEIFUNKTIONÄRE DIE SÄUBERUNG
VON WÄHLERLISTEN.

WARUM LASSEN ES
AFROAMERIKANER
ZU, AUF DER
„PLANTAGE"
DER DEMOKRATEN
GEFANGEN
ZU BLEIBEN?

WER WEISS? BIS WIR
ES HERAUSGEFUNDEN
HABEN, WERDEN WIR
HIMMEL UND HÖLLE IN
BEWEGUNG SETZEN,
IHRE STIMMEN ZU
ANNULLIEREN.

DAS GLEICHE SPIEL BEI DEN „ILLEGALEN IMMIGRANTEN". IN STAATEN WIE FLORIDA WÄHLEN LATINOS EHER DEMOKRATISCH, UND LATINONAMEN SIND AUF LISTEN VON ARBEITERN OHNE DOKUMENTE STARK VERTRETEN.

IM JUNI 2012, ZUM BEISPIEL, KRITISIERTE DAS JUSTIZMINISTERIUM DEN STAATSSEKRETÄR VON FLORIDA, EINEN REPUBLIKANER, WEIL ER DIE WAHLLISTEN VON ANGEBLICH ILLEGALEN, NICHT-AMERIKANISCHEN WÄHLERN SÄUBERN WOLLTE.

UNTER DEN OPFERN: MINDESTENS EIN DEKORIERTER KRIEGSVETERAN.

WIE DAS SÄUBERN IST DAS AUSSORTIEREN
NUR EIN VON EINEM DÜNNEN SCHLEIER
DER LEGALITÄT VERHÜLLTER SCHMUTZIGER
TRICK. DABEI SCHICKT MAN BRIEFE
AN REGISTRIERTE WÄHLER MIT DER
AUFSCHRIFT „NICHT NACHSENDEN".

KLINGT LOGISCH.

WIR WOLLEN DOCH KEINE WAHL-BETRÜGER, ODER?

ABER ES IST OFT ILLEGAL. UND EIN ANGRIFF AUF DIE GUTEN SITTEN.

AUSSORTIERER WISSEN, DASS ES MEHR DATENFEHLER AUF DEN LISTEN VON WÄHLERN AUS MINDERHEITEN GIBT, DIE DAZU NEIGEN, DEMOKRATISCH ZU WÄHLEN, UND DASS ARME OFT UMZIEHEN (UND DAZU NEIGEN, DEMO-KRATISCH ZU WÄHLEN). UND DASS COLLEGE-STUDENTEN WEIT WEG AUF DEM COLLEGE SIND UND DAZU NEIGEN... SIE WISSEN SCHON.

DAS IST NUR EIN BEISPIEL FÜR UNGÜLTIGE
STIMMZETTEL - DIE DURCH DUMMHEIT ODER
VERWIRRUNG BEI DEN WAHLINSTRUKTIONEN
ODER BEIDES UNTER DEN TISCH FALLEN.

WEITERE BEISPIELE FÜR „UNGÜLTIGE STIMMZETTEL" SIND:

Zu wenige Kreuze: leerer Wahlzettel

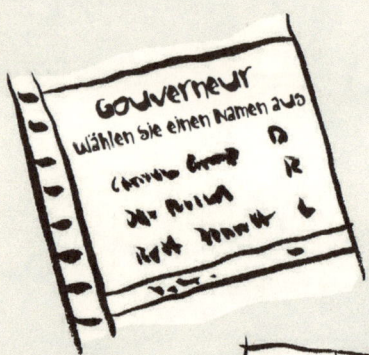

Zu viele Kreuze: mehr Kandidaten wählen, als pro Amt erlaubt

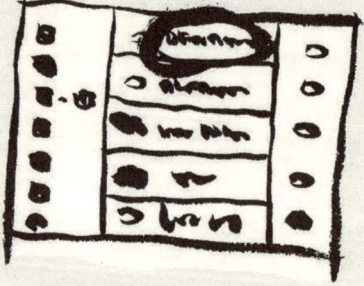

Physische Beschädigung des Zettels, besonders bei Maschinenzählung

DAS OBERSTE GERICHT VON FLORIDA ORDNETE AN,
BEI DER NACHAUSZÄHLUNG DER WAHLERGEBNISSE
BUSH GEGEN GORE STIMMZETTEL MITZUZÄHLEN,
WENN TROTZ ZU WENIGER KREUZE DIE „KLARE
ABSICHT" DES WÄHLERS FESTZUSTELLEN WAR.

DOCH WENN EIN LOCHFELD NICHT GANZ
AUSGESTANZT WAR, ZOGEN FUNKTIONÄRE DIE
EINDEUTIGE ABSICHT DES WÄHLERS IN ZWEIFEL.

EBENSO BEI ZU VIELEN KREUZEN. WENN EINE
WÄHLERIN SOWOHL DAS FELD NEBEN DEM NAMEN
AL GORE AUSGESTANZT ALS AUCH SEINEN NAMEN
IN DAS FREIE FELD EINGETRAGEN HATTE, WOLLTE
SIE OFFENSICHTLICH GORE WÄHLEN, UND
DIESE STIMME SOLLTE GEZÄHLT WERDEN.

BEI EINER TYPISCHEN US-PRÄSIDENTSCHAFTS-
WAHL GIBT ES MASSIG UNGÜLTIGE STIMMEN.
ZWEI MILLIONEN WURDEN FÜR UNGÜLTIG ERKLÄRT
UND IN DEN MÜLL GEWORFEN.

DIE UNGÜLTIGEN STIMMZETTEL SIND NICHT
GLEICH VERTEILT. DIE US-BÜRGERRECHTS-
KOMMISSION FAND HERAUS, DASS 54%
DER UNGÜLTIGEN ZETTEL IM JAHR 2000 VON
AFROAMERIKANERN ABGEGEBEN WURDEN.

13% der
Bevölkerung

54% der
»ungültigen«
und entsorgten
Stimmzettel

ETWA 90 ¢ DER WEGGEWORFENEN STIMMEN WAREN FÜR DIE DEMOKRATISCHE PARTEI - ODER WÄREN ES GEWESEN.

WÄREN DIE ZU WENIG UND ZU VIEL ANGE-KREUZTEN STIMMZETTEL IM JAHR 2000 FÜR BUSH UND GORE MITGEZÄHLT WORDEN, HÄTTE MAN GORE ZUM SIEGER IM STAAT FLORIDA UND DAMIT ZUM PRÄSIDENTEN ERKLÄRT.

WÄRE PRÄSIDENT GORE NACH 9/11 GEGEN AFGHANISTAN IN DEN KRIEG GEZOGEN?

VIELLEICHT.

WÄRE ER GEGEN DEN IRAK IN DEN KRIEG GEZOGEN?

WAHRSCHEINLICH NICHT.

MILLIONEN VON MENSCHEN KÖNNTEN NOCH AM LEBEN SEIN - WENN DIE WAHL VON 2000 NICHT GESTOHLEN WORDEN WÄRE.

ANDERS ALS DAS AUSSORTIEREN UND
SÄUBERN IST DAS RAUSWERFEN EINE
WENIGER ELEGANTE, DIREKTERE
METHODE, SCHWARZEN UND ANDEREN
LEUTEN MIT UNGLÜCKLICHEN LINKEN
NEIGUNGEN DAS WÄHLEN ZU VERWEIGERN.

IN DER SCHLICHTESTEN VERSION LÄUFT
ES DARAUF HINAUS, IN AFROAMERIKA-
NISCHEN WAHLBEZIRKEN UNIFORMIERTE
SCHLÄGERTYPEN ZU POSTIEREN, UM
WAHLBERECHTIGUNGEN „ANZUFECHTEN".

DURCH GEFÄLSCHTE
WAHLZETTEL WERDEN
LEGITIME STIMMEN
ZUNICHTE; DURCH
AUSSORTIEREN UND
SÄUBERUNG ENT-
LEDIGT MAN SICH
DER ECHTEN STIMM-
BERECHTIGTEN GÄNZ-
LICH DURCH IHRE
ENTFERNUNG AUS
DEN WÄHLERLISTEN.

EIN FUNKTIONÄR DER REPUBLIKANER
VERANLASST DAS WEGWERFEN EINES
WAHLZETTELS – ABER DIE WÄHLERIN WIRD
ÜBER DEN VERLUST IHRES WAHLRECHTS NIE
INFORMIERT ODER AUCH NUR ZUR BESTÄTIGUNG
IHRER REGISTRIERUNG AUFGEFORDERT.

ABER SO IST ES IN WIRKLICHKEIT NICHT.

Charismatisch
Milliardenschwer
Durchtrieben

Hat keine
Chance
ohne reichere
Unterstützer!

SICHER, TV-SPOTS SIND TEUER, ABER EIN GROSSER ANTEIL DER RIESENSUMMEN – BESONDERS DES GELDES ANONYMER PACS UND SUPERPACS – FLIESST IN DIE PFLEGE VON DATENBANKEN.

DATENBANKEN
VON WÄHLERN.
VON STRAFTÄTERN.
VON IMMIGRANTEN.

VON WAHRSCHEIN-
LICHEN WÄHLERN
DER DEMOKRATEN

UM SIE AUFS
KORN ZU NEHMEN,
ZU ELIMINIEREN.

UM IHRE STIMMEN
UNTER DEN TEPPICH
ZU KEHREN.

DA ES KEINE PAPIERBELEGE GIBT, KEINEN OFFENEN QUELLCODE – KURZ, KEINE WIE IMMER GEARTETE TRANS-PARENZ – EIGNEN SICH DIESE COMPU-TERISIERTEN WAHL-MONSTER PERFEKT ZUR MANIPULATION BEI DER STIMM-AUSZÄHLUNG.

BEI EINER WAHL IN TEXAS ZUM BEI-SPIEL GEWANNEN DREI REPUBLIKANER JEDER MIT GENAU 18.181 STIMMEN. (BEI DIESEN WAHLEN BESTANDEN DIE »GESCHLAGENEN« DEMOKRATEN AUF EINER NEUAUSZÄHLUNG – UND GEWANNEN.)

COMAL COUNTY, TEXAS

Senator	Jeff Wentworth	18.181 R
Abgeordneter	Carter Casteel	18.181 R
Richter	Danny Scheel	18.181 R

SIE BEHAUPTEN, DIESE WÄHLER SEIEN ...

Zombies!
(Sie sind tot!)

Aliens!
(Sie sind Ausländer!)

Geister!
(Es gibt sie nicht!)

ABER ALL DIESE MONSTER SIND NUR ERFINDUNGEN, FABRIZIERT IN DER REPUBLIKANISCHEN „HYSTERIEFABRIK" – DER HERITAGE FOUNDATION ... GESCHAFFEN VON DEN KOCH-BRÜDERN.

THE HERITAGE FOUNDATION

28

UND DIE HYSTERIEFABRIK HAT EINEN WEITEREN BUHMANN PRODUZIERT: DEN DOPPELWÄHLER!

LEUTE WÄHLEN VIELE, VIELE MALE.

DOPPELT ZU WÄHLEN IST EIN VERBRECHEN – MAN KOMMT DAFÜR FÜNF JAHRE IN DEN KNAST.

WARUM BIST DU DRIN?

GRRRR

ABER REPUBLIKANISCHE FUNKTIONÄRE
BEHAUPTEN, SIE HÄTTEN EINE GEHEIME LISTE
VON 7 MILLIONEN KRIMINELLEN DOPPELWÄHLERN!

HIER EIN BEISPIEL:

SIE BEHAUPTEN,
MARIA *CRISTINA*
HERNANDEZ WÄHLTE
EINMAL IN GEORGIA

UND EIN ZWEITES
MAL IN VIRGINIA
UNTER VERWENDUNG
DES NAMENS
MARIA *ISABEL*
HERNANDEZ.

DAHER
VERLIERT
SOWOHL MARIA
CRISTINA WIE
MARIA *ISABEL*
IHR STIMM-
RECHT.

INSGESAMT WERDEN DIE REPUBLIKANER EINE MILLIONEN STIMMBERECHTIGUNGEN LÖSCHEN. ANGEKLAGT DES DOPPELWÄHLENS – VON EINER GEHEIMEN LISTE, DIE SIE NICHT SEHEN SOLLEN.

DIE MEISTEN SIND SCHWARZE, LATINOS ODER ASIATEN.

MIT ANDEREN WORTEN, SIE SIND DEMOKRATEN.

WIE MR. MOHAMED MOHAMED ...
SIE BEHAUPTEN, ER HAT 360 MAL GEWÄHLT!

55467					
55468	21823	Georgia	MOHAMED	AWEYS	MOHAMED
55469		Ohio	MOHAMED	RASHID	MOHAMED
55470					
55471	21824	Georgia	MOHAMED	AWEYS	MOHAMED
55472		Ohio	MOHAMED	ALI	MOHAMED
55473					
55474	21825	Georgia	MOHAMED	SAID	MOHAMED
55475		Ohio	MOHAMED	OSMAN	MOHAMED
55476					
55477	21826	Georgia	MOHAMED	ABDI	MOHAMED
55478		Ohio	MOHAMED	D	MOHAMED
55479					
55480	21827	Georgia	MOHAMUD	ABDULAHI	MOHAMED
55481		Ohio	MOHAMUD	HANSHI	MOHAMED
55482					
55483	21828	Georgia	MOHAMUD	MUKHTAR	MOHAMED
55484		Ohio	MOHAMUD	MUKKHTAR	MOHAMED
55485					
55486	21829	Georgia	MOHAMUD	ABDULLE	MOHAMUD
55487		Ohio	MOHAMUD	A	MOHAMUD
55488					
55489	21830	Georgia	JENNIFER	L	MOHLER

DAS FORDERN DIE LEUTE, DIE WÜTEND ÜBER
DIE KAPERUNG DER DEMOKRATIE SIND.

ABER WARUM FLIESST ÜBERHAUPT ALL
DAS GELD IN DIE POLITIK?
WIE GEBEN ES DIE WAHLKÄMPFER AUS?

„FedEx-Sendungen,
Stabsgehälter,
Flüge von
Washington, D.C.,
nach Des Moines,
nach La Vegas und
zurück – das alles
läppert sich."
Tom Curry
MSNBC 2007

UND TV-SPOTS.
VIELE, VIELE TV-SPOTS.

HEUTZUTAGE IST ES NICHT SO WICHTIG, DIE BASIS DER EIGENEN PARTEI ZU MOBILISIEREN, SONDERN SICH DER BASIS DER ANDEREN ZU ENTLEDIGEN. JEDE STIMME, DIE SIE VERLIERT, IST EINE, DIE DU GEWINNST.

VIELLEICHT SOLLTEN WIR AN DER **BOTSCHAFT** UNSERES KANDIDATEN ARBEITEN.

KLAR... WEIL DAS JA SO VIEL LEICHTER IST, ALS EINFACH DIE WÄHLER DES RIVALEN **MASSENHAFT ZU SÄUBERN...** NEIN!

WER STECKT HINTER DIESEN BÖSEN TRICKS, ÜBER DIE KAUM BERICHTET WIRD?

WIE DER PHILOSOPH SAGTE, SIND DIE MEISTEN MENSCHEN IM KERN GUT.

DIE GESELL-SCHAFT IST SCHULD.

UNSERE WAHLEN WERDEN VON DEN ANDEREN GESTOHLEN: EINER KLEINEN KABALE VON MILLIARDÄREN, DIE WAHLBANDITEN ANHEUERN, WEIL, WIE MTV ZU SAGEN PFLEGTE, ZU VIEL NIE GENUG IST.

IRGENDWO KRIEGT IRGENDJEMAND EINEN CENT, DER **MIR** GEHÖREN SOLLTE.

DARF ICH VORSTELLEN: DER AASGEIER
PAUL SINGER, NEUER SPITZENSPENDER DER
REPUBLIKANISCHEN PARTEI. ER HEISST AAS-
GEIER, WEIL ER HILFSGELDER ZUR BEKÄMPFUNG
DER CHOLERA IM KONGO BESCHLAGNAHMEN
LIESS ... UND EINEN STEUERNACHLASS
DAFÜR BEKAM. ER HAT ANGST, DASS EIN
VON DEMOKRATEN BEHERRSCHTER KONGRESS
SEIN BLUTGELD BESTEUERT.

DAS HAUPTGESCHÄFT DES AASGEIERS IST JEDOCH DER SCHULDTITEL AUS DER DRITTEN WELT FÜR PENNYBETRÄGE, UM SIE DANN VON DEN VERZWEIFELT ARMEN LÄNDERN ZWANGSZUVOLLSTRECKEN.

PERUANISCHE SCHULDTITEL SIND EIN SCHNÄPPCHEN.

WIE WOLLEN SIE DIE EINTREIBEN?

KEINE SORGE - DIE TREIB ICH SCHON EIN.

DER AASGEIER VERSUCHTE SOGAR, DIE KONGOLESISCHE BOTSCHAFT IN WASHINGTON, D.C., PFÄNDEN ZU LASSEN. ABER DIE AMINISTRATION OBAMA STOPPTE IHN. EIN ZU 100¢ GEKAUFTES WEISSES HAUS HÄTTE SICH NICHT EINGEMISCHT.

DIE KOCH-BRÜDER CHARLIE UND DAVID, JEDER 20 MILLIARDEN DOLLAR SCHWER, SIND KLASSISCHE ÖLMÄNNER AUS TEXAS. ES MUSS KAUM ERKLÄRT WERDEN, WARUM SIE POLITISCHEN EINFLUSS WOLLEN.

HEUTE WOLLEN SIE GRÜNES LICHT FÜR DIE KEYSTONE XL-PIPELINE, DIE DAS GESCHÄFT EINER IHRER RAFFINERIEN IN TEXAS BELEBEN WÜRDE.

MILLIARDÄRE KAUFEN AUCH DEMOKRATEN.
IN DEN 1990ER JAHREN KORRUMPIERTE
DIE RIADY-FAMILIE AUS INDONESIEN
PRÄSIDENT CLINTON UND SEINE FRAU
HILLARY MIT INDIREKTEN SPENDEN AN
CLINTON-SPEZIS.

WÄHREND DIE CLINTON-KUMPELS GESCHMIERT
WURDEN, ÜBERZEUGTEN DIE RIADYS DEN
PRÄSIDENTEN, EINEN SCHMUSEKURS MIT
DEM INDONESISCHEN DIKTATOR SUHARTO
EINZUSCHLAGEN UND BERICHTE ÜBER DIE
UNTERDRÜCKUNG OSTTIMORS ZU IGNORIEREN.

Eingesperrte,
getötete und
verbannte
Dissidenten

Geschätzter
Reichtum
der Familie:
15 Milliarden
Dollar (1999)

DIE CLINTONS WAREN BILLIG. DIE RIADYS BERAPPTEN
LEDIGLICH EINE MILLION DOLLAR IN BAR
FÜR EINFLUSS IM WERT VON EINER MILLIARDE.

Für 1 Million Dollar
kann man eine
Einzimmerwohnung
in Manhattan kaufen

oder
einen Präsidenten

VIELLEICHT KÜMMERT ES SIE NICHT, WAS DIESE MILLIARDÄRE UND ANGEHEUERTEN WAHLBANDITEN IM SCHILDE FÜHREN.

DIE SEHR WOHL. DIE CHANCEN STEHEN GUT, DASS DIE IHNEN MIT ALLEM, WAS SIE AUSHECKEN, SCHADEN WERDEN.

WIR SOLLTEN SIE DESHALB AUFHALTEN.

ES LIEGT AN UNS, VERÄNDERUNG ZU FORDERN.

EIN ENDE DER KORRUPTION.

ECHTE DEMOKRATIE.

FANGEN SIE DAMIT AN, ETWAS SO
VERNÜNFTIGES ZU VERLANGEN, DASS SIE
ES IHNEN KAUM ABSCHLAGEN KÖNNEN:

TRANSPARENZ

WENN DEM GESETZ NACH UNTERNEHMEN
WIE PERSONEN BEHANDELT WERDEN,
HABEN WIR EIN RECHT ZU ERFAHREN,
WELCHE FIRMEN WIE PERSONEN HANDELN,
WELCHE KONZERNE WAHLEN KAUFEN UND
WÄHLER AUS WÄHLERLISTEN SÄUBERN.

NATÜRLICH SIND KONZERNE KEINE NATÜRLICHEN PERSONEN.

WIR SOLLTEN EIN ENDE DIESER FIKTION FORDERN.

WENN JEDE STIMME ZÄHLTE...

68 PCT

... WÄRE ALLES ANDERS.

DEINE ZUKUNFT HÄNGT VON DIR AB

WWW.GREGPALAST.COM

18.

Der Knacki-Beschiss

Und übrigens, Vorbestrafte *dürfen* wählen. In allen außer sechs US-Bundesstaaten darf fast jeder, der für eine Straftat verurteilt und seine Strafe abgeleistet hat, zur Wahl gehen.

Nur in *drei* Staaten (Kentucky, Virginia und Florida) gibt es ein nahezu vollständiges Verbot der Wahlbeteiligung von verurteilten Straftätern. Weitere sieben Ku-Klux-Klan-Staaten beschränken die Bürgerrechte von Straftätern. (Das ist keine billige Beschimpfung: Der Ausschluss Vorbestrafter von der Wahl wurde in den Südstaaten der USA nach dem Bürgerkrieg von Parlamenten eingebracht und verabschiedet, die von Klanmitgliedern kontrolliert wurden.)

Die Stimmen Vorbestrafter sind potenziell zahlreicher und bedeutsamer für die Präsidentschaftswahl als die Wählerstimmen der Latinos.

Die Zahl der verurteilten Straftäter in den Vereinigten Staaten beträgt 19,8 Millionen – und sie wächst schnell. Einer von elf Amerikanern wurde schon wegen einer Straftat verurteilt. Über 16 Millionen von ihnen dürfen wählen – und laut Professor Jeff Manza wählen 89 Prozent demokratisch oder würden es, wenn sie könnten.

Wie kommt es also, dass niemand darüber spricht? Wie kommt es, dass Obamas Wahlkämpfer nicht sagen: »Wir mögen in der Gunst des weißen männlichen Bevölkerungsanteils zurückliegen, aber wir haben das unter den Ex-Knackis mehr als wettgemacht.«

Ich wiederhole, ich spreche nicht von den ehemaligen

Häftlingen, die in Ku-Klux-Klan-Florida nicht wählen dürfen, noch von den sieben Millionen Amerikanern, die im Gefängnis sitzen. Ich spreche von der großen Mehrheit der ehemaligen Delinquenten, die ihre Strafe abgesessen haben und *jetzt das Recht haben zu wählen, dies aber nicht wissen und es nicht in Anspruch nehmen.*

Warum sind diese Bürger nicht registriert?

Zum Teil, weil kein Mächtiger die Rechte der Ohnmächtigsten in Amerika verteidigen wird. (Das stimmt nicht ganz: Der bewaffnete Flügel der Republikaner hat hart daran gearbeitet, die Rechte von Ex-Knackis und künftigen Straftätern zu schützen, wo es um deren Recht geht, sich eine Schusswaffe zu beschaffen.)

Der einzige Bewerber um die Präsidentschaftskandidatur im letzten halben Jahrhundert, der sich während eines Wahlkampfs für die Rechte ehemaliger Straftäter stark gemacht hat, ist Hillary Clinton. Aber zurück zu meiner Frage: Woran liegt es, dass vielleicht zehn Millionen ehemalige Straftäter, die wählen dürfen, nicht wählen gehen? Zum Großteil daran, dass sie, wie der ehemalige Gouverneur von Massachusetts, das Gesetz nicht kennen.

Und die Politiker möchten, dass es so bleibt. Deshalb lügen sie. Der Mythos, dass ehemalige Straftäter nicht wählen dürfen, ist so stark (und politisch nützlich), dass es leicht ist, diese Bürger und einige Wahlbeamte zu überzeugen, sie vom Wählen auszuschließen. Colorado war nicht der einzige Staat, der eine umfassende Säuberung von ehemaligen Straftätern ohne rechtliche Grundlage vorgenommen hat.

Manchmal schwindeln die Politiker auch gezielt. Im Jahr 2000, als ich entdeckte, dass Katherine Harris 91 000 rechtmäßige Wähler als »Straftäter« vom Wählen ausgeschlossen hatte, erhielt ich von einem nervösen Insider in Harris' Büro die Information, dass Tausende auf der Liste ehemalige Straftäter seien, die *sehr wohl das Recht hätten, zu wählen.* Zudem gab es weitere *40 000* ehemalige Häftlinge in Florida *mit* Wahlberechtigung – die aber trotzdem ausgeschlossen wurden.

Häh? Diese 40 000 ehemaligen Straftäter waren *nach* Florida *umgezogen.* Obwohl man in den meisten US-Staaten aufgrund einer früheren Straftat nicht das Wahlrecht verliert, kann man es plötzlich doch loswerden, wenn man über die Staatsgrenze nach Florida zieht. Aber das verletzt Bundesrecht. Das fragliche Gesetz nennt sich Verfassung. Die sogenannte Comitas-Regel in Artikel vier dieses Dokuments verhindert, dass ein Staat die Rechtsprechung eines anderen missachtet.

Nachdem ich mehrere Stunden lang auf den Computerbildschirm gestarrt, dann zurückgekehrt und weitergestarrt hatte, fand ich dies heraus: Am 18. September 2000 ordnete das Büro von Jeb Bush an, die Wählerregister von Bürgern zu säubern, die *in anderen Staaten* wegen Straftaten verurteilt worden waren. Die Anordnung erfolgte, nachdem sich ein Staatsbediensteter geweigert hatte, »das Gesetz zu brechen«, indem er einem Bürger ohne besondere Weisung des Gouverneurs das Wahlrecht entzog. So *befahl* das Büro des Gouverneurs den Staatsbediensteten buchstäblich, straffällig zu werden, indem sie das Wahlrechtsgesetz und die Verfassung brachen.

Als ich die Sache ans Licht brachte, war es bereits zu spät. Die Säuberung von Straftätern hatte es George Bush ermöglicht, den Sieg auf Grundlage einer manipulierten Wahl für sich zu reklamieren.

Während das Thema amerikanische Zeitungen einen Dreck interessierte, war die US-Bürgerrechtskommission baff über die Information und forderte den Staat Florida auf, seine Akten für eine Untersuchung offenzulegen. Die Kommission bestätigte meinen Befund, dass Tausende von unbescholtenen schwarzen Wählern als »Straftäter« aus den Listen gestrichen worden waren. Schwerer zu erbringen war der Beweis, dass ehemalige Straftäter aus anderen US-Bundesstaaten illegal und gezielt gesäubert worden waren.

Ich rief daher Katherine Harris' Büro an und sagte einem Mitarbeiter: »Katherine hat mir gesagt, das Büro von Gouverneur Bush habe ihr einen Brief mit der Anweisung geschickt, Ex-Häftlinge aus anderen Staaten zu säubern. Jetzt will sie, dass ich mir den mal ansehe. Könnten Sie mir eine Kopie schicken?«

Und da war sie, zehn Minuten später in meinem Faxgerät, die noch qualmende Pistole:

Glaube ich also, dass Katherine Harris erlaubt werden sollte, zu wählen? Oder Jeb Bush? Schließlich haben sie eine Straftat begangen und sowohl das Bürgerrechtsgesetz wie

STATE OF FLORIDA

JEB BUSH, GOVERNOR, CHAIRMAN
KATHERINE HARRIS, SECRETARY OF STATE
ROBERT A. BUTTERWORTH, ATTORNEY GENERAL
ROBERT F. MILLIGAN, COMPTROLLER

BILL NELSON, TREASURER
TOM GALLAGHER, COMMISSIONER OF EDUCATION
BOB CRAWFORD, COMMISSIONER OF AGRICULTURE
MRS. JANET H. KEELS, COORDINATOR

PHONE: 850/488-2952

OFFICE OF EXECUTIVE CLEMENCY
2601 BLAIRSTONE ROAD
BUILDING C, ROOM 229
TALLAHASSEE, FLORIDA 32399-2450

September 18, 2000

Mr. Ed Kast, Assistant Director
Division of Elections
Department of State
The Capitol, Room 1801
Tallahassee, FL 32399-0250

Dear Mr. Kast:

Pursuant to your letter of August 10 and our conversation this date, this is to advise you that a certificate of restoration of civil rights, relief of ..., or pardon order issued by a court, agency, clemency board, or governor of anoth... recognized by the Office of Executive Clemency as restoring civil rights in the St... these individuals do not need to make application with the Office of Executive Clemency.

Any individual whose civil rights were restored automatically by statute in the state of conviction, and does not have a written certificate or order, would be required to make application for restoration of civil rights in the State of Florida.

---

das Wahlrechtsgesetz gebrochen. Ich sage, lasst sie wählen – aber erst, nachdem sie ihre Strafe abgesessen haben.

Ach ja, nicht zu vernachlässigen ist natürlich dies: Kein Staat hindert *Kriminelle* daran, zur Wahl zu gehen, nur Knackis, Leute, die wegen der Begehung von Straftaten rechtmäßig verurteilt wurden – Straftaten wie zum Beispiel, »eine kleine Linie zu ziehen«, wie Barack Obama einst zugab, oder der Besitz von Marihuana, wie Bill Clinton gestand (»Aber ich habe es nicht inhaliert«), oder George W. Bush, bei dem es gleich »ein ganzer Haufen Linien« war (»Das war vor langer Zeit«).

Einer von vier erwachsenen Afroamerikanern wurde wegen einer Straftat verurteilt, nicht weil Schwarze notwendigerweise mehr Straftaten begehen, sondern weil sie notwendigerweise häufiger dafür verurteilt werden.

Ich fand einen Ex-Knacki, der nach Florida gezogen war, und teilte ihm mit, dass er wählen dürfe. Das war eine große Überraschung für Reverend Thomas Johnson, der den Staat verklagt hatte, seinen Ausschluss von der Wahl aufzuheben, ohne zu wissen, dass er dieses Recht bereits besaß. (Es erstaunte auch seinen Anwalt von der American Civil Liberties Union. Wie gesagt, das ist keine leichte Thematik.)

Reverend Johnson hatte in New York Crack verkauft, wanderte dafür ins Kittchen, kam wieder raus, fand zu Gott und zog nach Gainsville, Florida, um sich dort um ehemalige Häftlinge zu kümmern. Er sagte mir: »Wir müssen Menschen, die ihre Schuld gegenüber der Gesellschaft beglichen haben, in die Gesellschaft zurückbringen. Gebt ihnen eine Chance.« Wahrlich hehre Worte. Im überwiegenden Teil der Welt nach dem Fall der Sowjetunion verliert man nicht die Bürgerrechte wegen einer vor langer Zeit abgesessenen Gefängnisstrafe.

Als Reverend Johnson also, bewaffnet mit einer Anordnung des Gerichts, ins Bezirksamt von Alachua County marschierte, um sich als Wähler zu registrieren, war man dort verblüfft, als man auf das Formular des militanten Afroamerikaners schaute. Der überraschte Beamte stierte auf das Papier und sagte: »Na, wenn wir doch nur gewusst hätten, dass Sie sich als *Republikaner* registrieren, hätten wir Sie nicht abgelehnt.«[9]

---

9 In den Vereinigten Staaten sind Wähler nicht automatisch wahlberechtigt, sondern müssen sich zuerst auf Bezirksebene als Wähler registrieren, wobei sie in den meisten Bundesstaaten die Verbundenheit mit einer bestimmten Partei angeben können. In vielen Staaten dürfen nur solche Wähler an den Vorausscheidungen der Kandidaten teilnehmen. (A. d. Ü.)

Warum sollte ein schwarzer Mann sich für eine Partei registrieren, die versucht hat, seine Registrierung zu vereiteln? Tja, er könnte antworten, dass es schließlich die Demokratische Partei gewesen war, die einst all die diskriminierenden Wahlgesetze gegen Afroamerikaner ersonnen hatte, und dass die einzigen beiden Gouverneure, die aktiv gegen den Bann von Ex-Knackis eintraten, ein republikanischer Gouverneur aus Florida, ein republikanischer Gouverneur aus Florida und ein anderer aus Texas waren: Charlie Christ und George W. Bush.

Tatsächlich verdankte Obama seinen haarscharfen Sieg in Florida 2008 ganz und gar dem Umstand, dass Crist ein paar Tausend ehemaligen Sträflingen erlaubt hatte, sich an der Wahl zu beteiligen. Dafür strafte die Republikanische Partei Crist ab und warf seine politische Karriere den Alligatoren zum Fraß vor. Republikanische Mitläufer schlossen »Straftäter« wieder von der Wahl aus. Die Sympathie für den einst versklavten Teil der Bürgerschaft ist verflogen.

Eine Studie der Universität von Minnesota von Jeff Manza und Christopher Uggen bestätigte, dass der Präsidentschaftswahlkampf von 2000 durch die Verbannung der ehemaligen Straftäter von den Wählerlisten entschieden wurde. Sie errechneten ferner, dass sieben Senatssitze und die Kontrolle des Kongresses ebenfalls an die Republikaner gingen, weil ehemalige Straftäter um ihre Stimmen geprellt wurden. 2012, gestärkt von den Säuberungsbefugnissen des Help America Vote Act (HAVA), bereiteten sich die republikanischen Innenminister abermals mit dem Ex-Knacki-Beschiss darauf vor, den Kongress zu gewinnen, besonders, wie ich entdeckte, Ohio, Colorado, Arizona, Wisconsin und, natürlich, der »sonnengeblendete Staat«, Florida.

Hätte Obama dieses Mal Florida verloren, so hätte es ganz

und gar an den Zehntausenden ehemaliger zugezogener und falscher Straftäter gelegen, die von den Wählerlisten gestrichen worden waren. (Es ist nur recht und billig, nehme ich an, wenn heute die Republikaner mit dem Laptop lynchen: Die Gesetze wurden ursprünglich von demokratischen Legislaturen erlassen mit so griffigen Slogans wie »Beendet die Gefahr der Negervorherrschaft«).

Hier sieht man wieder die Republikaner Floridas am Werk. Werfen Sie einen Blick auf diese Säuberungsliste aus der Zeit nach Katherine Harris:

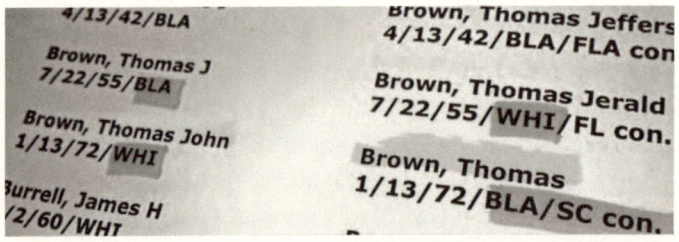

Da sieht man einen *schwarzen* Wähler namens Thomas Brown, der aus der Liste gestrichen wurde, weil ein *Weißer* namens Thomas Brown mit demselben Geburtsdatum eine Straftat beging. Und dann ist da ein *weiterer* Thomas Brown, der – in Verletzung gerichtlicher Anordnungen und der Verfassung – getilgt wurde, weil noch ein anderer Thomas Brown in South Carolina wegen einer Straftat verurteilt wurde. (Wie die meisten US-Bundesstaaten belässt South Carolina einem verurteilten Straftäter, der seine Haft abgesessen hat, das Wahlrecht.) Diese Liste markiert die Rückkehr zu den alten Diskriminierungspraktiken von Minderheiten, die man unter dem Kürzel »Jim Crow« zusammenfasst, nur dass auf seiner Visitenkarte heute steht: James Crow, Systemanalytiker, Database Management Services.

19.

Indianerausfälle

2004 erhielt ich einen Bericht, dass in neun Bezirken in McKinley County, New Mexico, nur einer von zehn Wählern, die ihre Stimme abgaben – 74,7 Prozent von ihnen Navajo-Indianer – einen Präsidenten gewählt hatten. Da waren sie also meilenweit durch das Navajo-Reservat gefahren und ins Wahllokal gestiefelt, nur um zu sagen: »Och nee, vergessen wir's« – und wählten doch nicht. Oder zumindest ist das die offizielle Geschichte. Das ist es, was die Stimmenauszählung ergab.

Tatsächlich befällt Zehntausende amerikanischer Ureinwohner bis zum heutigen Tag regelmäßig Unentschlossenheit, wenn sie in einer Wahlkabine stehen und eine Wahlentscheidung treffen sollen. Zufällig registrieren sich die Indianer mit mehr als sieben zu eins als Demokraten. Zufällig.

Im Taos Pueblo schlug die Zahl der leeren Stimmzettel beinahe den demokratischen Kandidaten. So lautete das Ergebnis, das die Maschinen ausspuckten.

Wenn man sich dann erst einen Bezirk ansieht, wo Pueblo-Indianer mit armen Latinos zusammenwohnen, kann man es ganz vergessen: Diese Wähler scheren sich schlicht einen feuchten Dreck um die Wahl. Zum Beispiel in einem besonderen Wahlbezirk im bettelarmen Doña Ana County, der eingerichtet wurde, um die Briefwahlunterlagen von in Übersee stationierten Soldaten zu sammeln. Dort machte kein einziger indianischer oder mexikanisch-amerikanischer Infanterist ein Kreuzchen für seinen Oberbefehlsha-ber. *100 Prozent leere Stimmzettel, niemand wählte hier den Präsidenten der Vereinigten Staaten.*

Das ist die offizielle Geschichte. Das ergeben die Auszäh-lungen. Wieder einmal.

Weiße Wähler sind entscheidungsfreudiger. Hier ist die Geschichte, wie sie von den Auszählmaschinen erzählt wird, sie klingt ganz anders. Im Ring der Vorstadtbezirke der Bes-serverdienenden um Albuquerque (wo man Wahlurnen, keine Maschinen benutzt) wählten *101 Prozent der Wäh-ler* einen Präsidenten. Die meisten von ihnen, ein-schließlich der Geister, die mit abstimmten, sind stramme Anhänger der Repu-blikaner.

Nennen Sie mich verrückt, aber da schien etwas nicht zu stimmen. Also rief ich die Innenministerin von New Mexico auf ihrem Handy an, Becky Vigil-Giron, während sie aus Albuquerque zum Staatskapitol fuhr. Das war, bevor sie angeklagt wurde (wegen der Sache mit den korrupten Verträgen für die Wahlmaschinen). Ich fragte sie nach den fehlenden Stim-men der lateinamerikani-schen und indianischen Sol-

Ungültig: Stimmzettel sind keine verderbliche Ware, doch ganz schnell werden sie »ungültig«, weil angeblich unlesbar. Beispiel: Bei den Präsident-schaftswahlen 2000 in Florida stand auf einem Wahlzettel: »Tragen Sie den Namen des Kandidaten ein«. Viele schrieben »Al Gore« und kreuzten außer-dem seinen Namen an – prompt wurden ihre Stimm-zettel disqualifiziert. Floridas Innenministerin Katherine Harris ordnete an, dass solche Stimmzettel nicht gezählt werden dürften, da die »Absicht« der Wähler nicht ersichtlich sei, man also nicht wissen könne, welchen Kandidaten diejenigen, die handschriftlich »Al Gore« eingetragen hatten, wählen wollten.

daten. Die Innenministerin erwiderte: »Nun, ein Haufen dieser Leute *kann sich nicht entscheiden.*«

Okay, Madame Innenministerin, diese Antwort genügt den Wackeldackeln der US-Medien, aber die BBC dachte, ich sollte doch mal einige dieser unentschlossenen Indianer besuchen gehen.

Ich fuhr also zu einem der Brennpunkte der leeren Wahlzettel im Südwesten, zu den Pueblos von Laguna und Acoma, den Wahlmaschinen zufolge die Heimat einiger der unentschlossensten Wähler der Vereinigten Staaten. 2004 litten diese Eingeborenen unter einer Epidemie von leeren oder ungültigen Stimmzetteln in Höhe des 18-Fachen des nationalen Durchschnitts.

Obwohl die Innenministerin sagte, dass sich »diese Leute« schlicht nicht entscheiden können, kamen sie mir gar nicht so unentschlossen vor. Sie vertraten starke Meinungen. »Der Krieg ist eine Sünde«, sagte mir der Pueblo-Führer David Ballo – ebenso wie die Wahl von Bush.

Vielleicht gibt es eine andere Erklärung. Vielleicht haben die Maschinen ihre Stimmen nicht registriert. Nur wenige Amerikaner wissen, dass bei der Präsidentschaftswahl 2008 beinahe eineinhalb Millionen Stimmenzettel nicht gezählt wurden, weil sie angeblich unleserlich oder leer waren oder einfach irgendwie in den Maschinen verloren gingen.

Wie kann ein Stimmzettel ungültig werden? Sicher nicht, indem man ihn ungenügend kühlt.

In Amerika erinnert man sich noch an den schallenden Hohn der Presse bei der Wahlauszählung 2000 in Florida angesichts des Problems unsauber gelochter Wahlzettel, an denen oft noch der ausgestanzte Papierfitzel baumelte.

Was ist daran so lustig? Jede dieser hängenden Stanzreste war eine nichtgezählte Stimme. Und es gab viele, viele solcher hängenden Stimmen. Wir begutachteten eine Wahlmaschine in Florida, in der sich noch die ausgestanzten Schnipsel befanden. Sie sind nicht größer als Al Gores Tränen. Schauen Sie sich das Fitzelchen an:

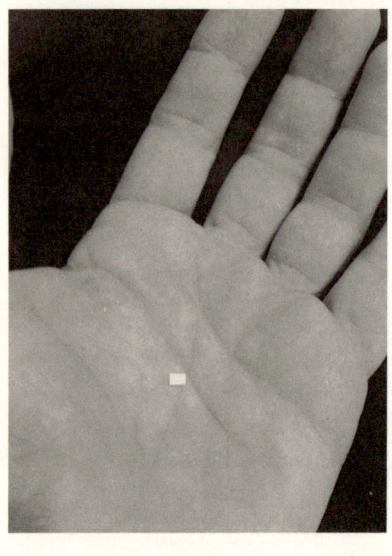

Bei Wahllochkarten muss man mit einer Stanze ein Loch in die Karte drücken. Manchmal bleibt nach dem Stanzen ein Fitzelchen Papier an einer Ecke hängen. Das sieht man nicht einmal.

Früher, bevor sich der Oberste Gerichtshof der USA ganz den Konzerninteressen verschrieb, also bevor er sich gewissermaßen vom Supreme Court zur »Supreme Corp.« wandelte, entschied die Absicht des Wählers darüber, wie seine oder ihre Stimme gewertet wurde. Wenn man ein Loch stanzte, selbst wenn der kleine Mistfitzel nicht ganz abfallen wollte, dann war es verdammt klar, wen man wählen wollte, und die Stimme zählte.

Aber sie zählte nicht in Florida im Jahr 2000 noch in Ohio 2004, noch in zu vielen weiteren US-Bundesstaaten bis heute. In Florida verfügte Katherine Harris, dass ein Stimmzettel, in den zwar ein Loch gestanzt, der »Stanzfitzel« aber nicht abgefallen war, nicht zählte. Ätsch!

2004 äußerste sich der republikanische Innenminister von Ohio, Kenneth Blackwell, in derselben Weise, allerdings wurden hier in mindestens einem republikanischen Bezirk geistig Behinderte als »Fitzelrupfer« beschäftigt. Rechtsprofessor Bob Firakis vom Columbus State Community College erklärte, dass die Rupfer aufgrund ihrer Behinderung bei Untersuchungen nicht als Zeugen vorgeladen werden könnten.

Es ist leicht zu erkennen, ob jemand gewählt hat, selbst wenn am Stanzloch noch ein Papierfitzel baumelt. Man suche, erstens, nach einem Loch. Zweitens lasse man die Wahlzettel durch die Wahlmaschine laufen. Maschinen werfen Zettel mit hängenden Papierfitzeln wieder aus, lässt man die Lochkarte jedoch mehrfach durchlaufen, schüttelt die Maschine die Papierreste ab. Florida verbietet die abermalige Einspeisung von Stimmzetteln.

Wen schert's? Ich meine, wie viele Stimmzettel werden auf diese Weise ungültig? Sind Sie auf die Zahl gefasst? Im Jahr 2000 wurde über die Präsidentschaft der Vereinigten Staaten mit 537 Stimmen aus Florida entschieden. Insgesamt erklärte Innenministerin Katherine Harris 181 171 Stimmzettel für ungültig.

In Ohio bediente sich Innenminister Ken Blackwell jedes Tricks, der im Buche steht, um die Wahl zu fälschen, von der Ablehnung von Wahlzetteln mit der falschen Stärke bis hin zur Beseitigung von drei von vier Wahlkabinen in überwiegend von Minderheiten bewohnten Bezirken.[10] Aber es waren die erschreckenden 94 000 ungültigen Stimmen, zumeist aufgrund von an den Lochkarten hängen gebliebenen Papierfitzeln, denen Bush im Jahr 2000 beinahe seinen gesamten Sieg zu verdanken hatte – und vier Jahre später

---

10 Für eine umfassende Analyse der Techniken der Wahlzettelmanipulation in Ohio 2004 vgl. Greg Palast, »Kerry Won«, in Armed Madhouse, unter www.GregPalast.com.

wiederholte sich die Geschichte. Die US-Presse erwähnte mit keinem Wort, dass Bush zwei Mal von Papierfitzeln, nicht von Wählern ins Amt gehievt wurde.

Vielleicht hatten Sie schon von den Unregelmäßigkeiten in Florida und Ohio, von den hängenden Papierfitzeln und all dem gehört. Aber was ist mit Iowa?

2004 beliefen sich die nicht gezählten Stimmen in Iowa auf 40 537 – vier Mal mehr als Bushs angebliche Mehrheit von 10 059 Stimmen. (Die Hälfte – 22 573 – waren ungültige Wahlzettel; der Rest waren verworfene Briefwahlzettel und abgewiesene provisorische Stimmenabgaben.)

Bushs Vorsprung war auch niedriger als die leeren Wahlzettel in Nevada. (Es handelte sich nicht um eine Art von Protest, da es für Verweigerer in Nevada ein Kästchen für »Niemand der oben Genannten« gibt.)

Die ungezählten Stimmen, nicht die Wähler, hätten sehr wohl den amerikanischen Präsidenten wählen können. Oder den amerikanischen Kongress. Oder beides.

Mr. Rove weiß das. Und er lächelt, weil…

20.

Apfelkuchen-Apartheid

…. Karl Rove lächelt, weil die Pannen, die baumelnden Schnipsel, die leeren oder falsch ausgefüllten Stimmzettel kein Zufall sind. Wenn sich die ungültigen Stimmzettel gleichmäßig auf alle Wähler verteilen würden – weiße wie schwarze, Demokraten wie Grüne, Angehörige der oberen Zehntausend wie Normalbürger–, würde es keine Rolle spielen und nur selten zu einem anderen Sieger führen.

Aber, glauben Sie mir, die Zettel werden nicht zufällig ungültig. Nicht mal annähernd.

Die US-Bürgerrechtskommission fand heraus, dass in Florida die Chance eines Afroamerikaners, die Stimme aufgrund solcher »Ausfälle« zu verlieren, um 900 Prozent höher ist als für einen weißen Wähler. Der Statistiker Philip Klinkner, der die Studie durchführte, sagte mir, dass Florida leider typisch für die ganze Nation sei.

Ich habe früher selbst Statistik unterrichtet, daher machte ich ein paar Berechnungen: Schwarze Wähler gaben mindestens 54 Prozent der ungültigen Stimmen in den USA ab.

Die »Nichtzählung« und ethnische Disparität ist am schlimmsten in den Wechselstaaten, wo das Motiv, die Wahl zu stehlen, am größten ist. In New Mexico ließen 2004 nicht weniger als 16 469 fehlende Stimmzettel, beinahe ausschließlich in Bezirken der Pueblos und Latinos, Bushs »Siegvorsprung« von 5988 Stimmen anschwellen.

Wie (ausnahmslos) in jedem Staat hatten die ungezählten Stimmen in New Mexico eine dunkle ethnische Tönung.

Nur bei einer von 100 der bei der Präsidentenwahl abgegebenen angelsächsischen Stimmen (1,11 Prozent) war kein Kandidat angekreuzt. Hingegen gab es bei Stimmzetteln von Latinos vier Mal mehr leere Stimmzettel (4,42 Prozent) und sieben Mal mehr bei den amerikanischen Ureinwohnern (7,05 Prozent). Doch passen Sie genau auf: Wenn die Wahlzettel optisch ausgelesen werden, verschwindet der ethnische Unterschied.

Insgesamt gaben die lateinamerikanischen, indianischen und schwarzen Wähler 89 Prozent (fast neun von zehn) Stimmen ab, die in den Wüstensand bissen. Aufgeschlüsselt: 34 Prozent der verlorenen Stimmen wurden von – überwältigend demokratisch wählenden – Indianern abgegeben, 51 Prozent von Latinos, die beinahe im Verhältnis zwei zu eins demokratisch wählen.

Eine Studie der Universität Harvard rechnete die ungezählten Stimmen in den Wechselstaaten zusammen.[11] Die Autoren, Klinkner und der Dekan der Juristischen Fakultät von Berkeley, Christopher Edley, erzählten mir, dass sich ihre Untersuchung zwar auf »geografische« Unterschiede konzentriere, ihnen aber die schreienden ethnischen Unterschiede ins Auge gesprungen seien. In der Mehrzahl stammen die ungezählten Stimmen von farbigen Wählern.

2004 berichteten die Bundesstaaten der Election Assistance Commission, dass 133 289 Stimmzettel als ungültig gewertet wurden (wegen zu vieler Kreuze auf den Stimmzetteln), wobei der höchste Prozentsatz laut Kommission aus »vorherrschend lateinamerikanischen Bezirken« stammte. Beinahe die gesamte Zahl der Zettel mit zu vielen

---

11 Philip Klinkner, Christopher Edley, »Democracy Spoiled: National, State, and County Disparities in Disenfranchisement Through Uncounted Ballots«.

Kreuzen stammte aus Bezirken mit niedrigem Einkommen (das heißt mit billigen Wahlmaschinen). Aber nur die Hälfte der Bundesstaaten und Bezirke machte sich überhaupt die Mühe, die aussortierten oder zu viel angekreuzten Stimmzettel zu melden. Und die leeren Stimmzettel? Ihre Zahl ist sechs Mal so hoch wie die mit zu vielen Kreuzen und verteilt sich ebenso ungleichmäßig auf die verschiedenen Ethnien.

Und das sind nur die ungültigen Stimmen. Dem füge man noch die Säuberungen der Wahllisten von ehemaligen Straftätern und normalen Wahlbürgern hinzu, die abgelehnten provisorischen Stimmabgaben, die verweigerten Registrierungen und all die anderen Tricks der Wählerlistenmanipulation auf Basis ethnischer Profile, und die Zahlen schießen durch die Decke.

Man rechne die nichtgezählten Stimmen zusammen, beziehe dann den ethnischen Faktor ein, und man sieht, dass die Wahlen in den USA komplett durch die Ku-Klux-Klan-Zählung verdorben sind. Auch bei der nächsten Wahl könnte die Hautfarbe, nicht die Wählerentscheidung zum wiederholten Mal bestimmen, wer ins Weiße Haus einzieht.

Vergessen Sie den ganzen Blödsinn über Demokratie, den Sie in der sechsten Klasse von Mrs. Gordon gehört haben, über die Emanzipationserklärung, den 13. Zusatzartikel der US-Verfassung und das Wahlrechtsgesetz. Die Wahlurnenapartheid bleibt so amerikanisch wie Apfelkuchen.

Nein, wir haben keine Wahlkabinen, auf denen »Für Schwarze« oder »Für Weiße« steht. Wir haben vielmehr Wahlmaschinen für schwarze, braune und rote Bezirke, zusammen mit Auszähl- und Registrierungssystemen, die für hellhäutige und dunkelhäutige Amerikaner sehr unterschiedlich sind.

Und es sind nicht einfach nur »ungültige« Stimmen. Von

Sortier mich nicht aus, Bruder!

Im September 2007 konfrontierte ein Student der Universität von Florida, in Gainesville, Florida, Senator John Kerry mit einem »geheimnisvollen gelben Buch«, wie es die *Washington Post* nannte. Der Ausgang der Wahlen in Ohio 2004, so sagte der Student Andrew Meyer, sei durch die nicht gezählten Stimmen entschieden worden, was das Buch beweise. Wiederholt wollte er von Kerry wissen, warum er nicht auf einer vollen Zählung bestanden habe. Der junge Mann wurde zu Boden geworfen und mit einem Elektroschock traktiert, der so heftig war, dass er einen Schwächeren getötet hätte, obwohl er flehte: »Bitte kein Elektroschock, Mann!«

Kerry duckte sich vor der Frage weg und erklärte, ja, er habe das seltsame gelbe Buch von Greg Palast mit dem Titel *Armed Madhouse* gelesen.

Das Kapitel heißt »Kerry Won«, und Sie können es auf Englisch kostenlos herunterladen unter www.GregPalast.com.

Tatsächlich hat Kerry die Frage nie beantwortet.

---

den zehn Tricks, mit denen Amerika sechs Millionen Stimmen und Wähler verliert, raubt jeder, *jeder Einzelne*, überproportional viele Stimmen farbiger Menschen.

Sie müssen sich fragen: *Warum hat denn die Demokratische Partei nicht die Zählung der fehlenden Stimmen verlangt?*

Selbst Präsident John F. Kennedy sträubte sich heftig, die Rassentrennung bei den Wahlen zu beenden. 1963 zögerte er angesichts eines persönlichen Appells von Martin Luther King im Lincoln-Zimmer. JFK hatte gute (oder zumindest politische) Gründe, nicht zu handeln. Als uns Präsident Lyndon B. Johnson das Wahlrechtsgesetz gab, sagte er voraus, dass es die Demokratische Partei den Süden kosten würde, ihre einstige Hochburg. Es ist die traurige Wahrheit, dass genau dies eintrat. Halleluja!

Johnsons mutiger Schritt beendete nicht die Zimperlich-
keit der Demokraten, mit dem »getrennten und ungleichen«
Zugang zu den Wahlen aufzuräumen. Jimmy Carter stützte
sich stark auf die Stimmen der armen Weißen im Süden und
stellt sich heute hinter das neue Diskriminierungswerkzeug
der verschärften Ausweisregeln für Wähler. (Carter trägt ein
weißes Lächeln, keine weiße Kapuze, deshalb geht das in
Ordnung.)

Es gibt eine andere Seite der scheinbar seltsamen Weigerung der Demokraten, die Apartheid des Wahlsystems zu
thematisieren: Demokraten gehören zu den schlimmsten
Ausbeutern der Wahltricksereien mit ethnischem Ein-
schlag.

Warum? Wenn Wähler aus den Minderheiten, Studenten,
arme und ältere Wähler stark demokratisch wählen, warum
sollte da »ihre« Partei ihre Stimmen ungültig machen, säubern, blockieren und wegwerfen?

Weil jeder Stimmendiebstahl, wie alle Politik, *lokal* ist.
Die ehemalige Innenministerin von New Mexico, Rebecca
Vigil-Giron, und der ehemalige Gouverneur Bill Richard-
son, beide in getrennten Verfahren unter Anklage, sind beides Demokraten, sie eine Latina der elften Generation, er
Sohn einer mexikanischen Mutter. Beide rissen sich ein ver-
dammtes Bein aus, um armen Latinos und indianischen
Amerikanern das Stimmrecht zu verweigern. Das liegt an
den politischen Verhältnissen in diesem Bundesstaat, wo
die konservative und reiche Elite der Demokratischen Partei
alles Notwendige unternimmt, um die politische Macht von
den Armen fernzuhalten.

Pecos Paul Maez und andere Latinowähler werden von
Politikern gesäubert, die selbst einen lateinamerikanischen
Hintergrund haben. Warum? »Das ist geheim«, sagte mir

der Wahlleiter Maez, wollte das aber nicht näher erläutern. Aber Hector Balderas, ein staatlicher Rechnungsprüfer, dessen *Mutter* zusammen mit der *Hälfte* der Wähler von Mora County gesäubert wurde, beinahe jeder davon Latino, sagte mir, Mora sei schutzlos, weil es ein bettelarmer Bezirk ist.

Wahlrechtsanwalt Santiago Juarez, heute für New Mexico Anwalt der League of United Latin American Citizens (LULAC), der einen großen Teil seiner Zeit damit verbringt, gegen den Wahlrechtsentzug durch lateinamerikanische Politiker zu kämpfen, erklärte es:

»Man nimmt den Leuten die Gesundheitsversicherung und das Recht auf gewerkschaftlich ausgehandelte Tariflöhne und ihre Renten. Ihnen das Wahlrecht zu nehmen ist schlicht ein weiter Schritt.«

21.

Es ist Zauberei!

Hier ein einfacher Weg, eine Stimme ungültig zu machen: Digitalisiere sie … und verliere dann die Daten.

Fingerfertigkeit ist das A und O der Taschenspielerei, des Trickbetrugs und Hütchenspiels sowie der Kunst, Dinge verschwinden zu lassen … oder, in der Sprache Karl Roves, »Amerika beim Wählen zu helfen«.

Nach dem »Debakel von Florida«, wie es in den Medien genannt wurde, willigten die Gewinner des Debakels ein, das Wahlsystem »zu reformieren«. Also schlug die Bush-Administration ein Gesetz vor und brachte es durch den Kongress, das Amerika beim Wählen behilflich sein sollte, genannt Help America Vote Act.

Help America Vote ist nicht das satanischste Gesetz mit dem orwellianischsten Namen, das der Kongress je verabschiedet hat, aber es gibt sich Mühe. Um

Digitale Fingerfertigkeit:
Die Kunst, Stimmen durch Einsatz eines papierlosen Computers zur Direkterfassung der Stimmabgabe (Wahlcomputer) in den Äther verschwinden zu lassen.

Nicht zu verwechseln mit der Änderung von Stimmzetteln mittels raffinierter Manipulationen der Software, die schlichte »Pannen« verursachen, sodass die Computer abstürzen oder die Stimmen einfach nicht speichern, wodurch 2008 über eine halbe Million Stimmen (546.000) verschwanden. Dieses Kleine-Panne-hier-kleine-Panne-da-Muster hat die seltsame Eigenschaft, zu 491 Prozent häufiger in Latino- als in weißen Bezirken aufzutreten, und in schwarzen Bezirken ist es noch schlimmer. Klick! Und futsch sind sie!

Stimmzettel mit baumelnden Stanzresten zu vermeiden, schafft es schlicht die Stimmzettel ab und stellt vier Milliarden Dollar Subventionen für Geräte zur Direkterfassung der Stimmabgabe bereit, besser bekannt als Wahlcomputer.

Wahlcomputer haben viel mit den Glücksspielautomaten in Las Vegas gemein. Man betätigt einen Hebel und hofft auf ein glückliches Ergebnis. Der Unterschied ist allerdings, dass Glücksspielautomaten peinlich korrekt und transparent arbeiten und strengen Bestimmungen unterliegen.

Nun erwarten Sie wahrscheinlich, dass ich jetzt eine Tirade darüber ablasse, wie leicht man Wahlcomputer manipulieren kann (leicht), dass es selten Papierbelege zur Verifizierung der eigenen Stimmabgabe gibt (es gibt keine), dass die Software gehackt, geknackt und gekapert werden und Donald Duck in den Kongress und Chuck Hagel in den US-Senat wählen kann. (Der republikanische Senator Hagel, Gründer der größten Wahlmaschinenfirma ES&S, wurde mit einer erstaunlichen Zahl von afroamerikanischen Stimmen gewählt, wie mir sein skeptischer demokratischer Gegenkandidat erzählte, unmittelbar nachdem seine Maschinen aufgestellt worden waren. Offenkundig ein schlechter Verlierer. Oder ein schlechter Gewinner. Wir werden es nie erfahren.)

Ich schlug einmal dem venezolanischen Präsident Hugo Chávez vor, er solle, wenn ihm die US-Außenpolitik nicht gefalle, doch in eine Wahlmaschinenfirma investieren. Also taten seine Kumpels genau das.

Aber ich werde *nicht* darüber sprechen, wie angreifbar diese Maschinen mit ihrem unbekannten Innenleben für Hacker und unbekannte Software-Manipulationen sind. Erstens, weil es klügere Experten gibt als mich, die es besser erklären können. (Bitte lesen Sie die Studien der Professoren David Dill von der Universität Stanford und Steven Freeman von der Universität von Pennsylvania und die herausragende Reportage von Brad Friedman, die bereit waren, Teile ihrer ausgezeichneten Recherchen auf unsere Website zu stellen, www.GregPalast.com.)

Den Expertengutachten entnehme ich die gute Nachricht, dass ungezählte Wähler ihre Stimme bei der Wahl 2016 nicht verlieren werden. Tatsächlich haben sie womöglich schon gewählt – und im November wird man ihnen dann nur noch mitteilen, für welchen Kandidaten sie sich entschieden haben. Und das ist das Problem: Wir wissen noch nicht, wie wir die Wahlmaschinen überprüfen sollen.

Stattdessen will ich daher über *bekannte* Methoden sprechen, wie mit Hilfe von Wahlcomputern Wahlen gestohlen wurden. Man braucht keinen Mathe-Professor aus Stanford, um das herauszubekommen.

Methode Nummer eins, um in Amerika Computerstimmen zu stehlen, besteht darin, den Stecker zu ziehen – und Dumpfbacken-Varianten dieses Tricks. Das Problem bei Computern ist, dass *sie nicht funktionieren.* Zumindest nicht für Wähler.

Beispiel: In Sarasota hielten die Republikaner 2006 den von Katherine Harris aufgegebenen Sitz mit lediglich 369 Stimmen, nachdem die neuen Wahlcomputer die Wahlentscheidung von 18 000 Stimmabgaben aus überwiegend demokratischen Bezirken schlicht nicht speicherten.

Der republikanische Wahlleiter behauptete, dass diese 18 000 Wähler einfach keine Wahl treffen wollten. Es war das Spitzenrennen, der am stärksten umkämpfte Sitz der Wahl, und 18 000 Wähler fuhren zum Wahllokal, gingen hinein und kamen wieder heraus, ohne sich entschieden zu haben. Seltsamerweise schien dies nur Bürgern zu passieren, die in den Wählerlisten mit BLA markiert waren – schwarz –, im Gegensatz zu den *WHI*-Wählern – den Weißen.

Es gibt immer eine unschuldige Erklärung, die tatsächlich nie unschuldig ist. In einigen Bezirken Floridas, den BLA-Bezirken, erhielten die Wahlhelfer die falschen Passwörter für die Maschinen, sodass dort niemand wählen konnte.

In einem engen Rennen in Georgia verweigerten die Maschinen der Marke Diebold in mehreren schwarzen Bezirken schlicht den Betrieb und speicherten keine Stimmabgaben. Der Firma zufolge arbeiten die Computer unter sehr feuchten, heißen Bedingungen nicht gut. »Na, was glauben Sie denn, was wir in Georgia im Juli für ein Wetter haben?!«, fragte mich die unterlegene Kandidatin, Kongressabgeordnete Cynthia McKinney. In den weißen Bezirken wurde die Wahl in vorstädtischen Schulsporthallen mit Klimaanlage abgehalten.

Die Software unterscheidet sich zwar von Hersteller zu Hersteller, aber alle Computer zur Direkterfassung der Stimmabgabe haben eines gemeinsam: Wie der Mann, der in Florida den Jugendlichen Trayvon Martin erschoss, haben Wahlcomputer *wirklich Angst vor schwarzen Leuten*. Und vor braunen.

Theron Horton, ein in Taos ansässiger Datenanalytiker, der die Election Defense Alliance unterstützt, stellte fest, dass die Stimmen lateinamerikanischer Bürger, die mit elektronischen Wahlmaschinen abstimmen, mit einer 491 Prozent höheren Wahrscheinlichkeit verloren gehen.

Und amerikanische Ureinwohner? Computer *hassen* sie einfach, wollen einfach nicht, dass die wählen. Die Stimmenthaltung steigt bei Indianern, deren Stimmabgabe direkt auf Computern erfasst wird, um 1000 Prozent gegenüber ungültig abgegebenen Stimmzetteln aus Papier.

Wie kommt es dazu? Ganz einfach. Städte mit niedrigem Einkommen bekommen schäbige Schulen, schäbige Krankenhäuser, eine schäbige Polizei, alles dort ist schäbig. Es wäre absurd anzunehmen, dass sie irgendetwas anderes als schäbige Wahlmaschinen bekommen sollten.

Als ich zum Taos Pueblo fuhr, wählte man dort mit altertümlichen elektromechanischen Shouptronic-Wählautomaten, die ins Technikmuseum gehören. Wir verteilen an die Eingeborenen keine benutzten Decken mit Pockenbazillen mehr, nur gebrauchte Wählmaschinen, die mit Bazillen in Form mechanischer Defekte geliefert werden.

Selbst wenn der Staat bessere Maschinen finanziert, fehlt die Einweisung in ihre korrekte Verwendung, ihr Betrieb erfolgt unter lausigen Bedingungen (siehe Sommer in Georgia oben) und so weiter und so fort.

Es ist wieder die Sache mit dem Klassenkampf. Und in Amerika ist Klasse gleich Rasse.

Ist das Absicht?

Wenn Sie wissen, dass es geschieht, und Sie ändern es nicht, dann ist es Absicht.

Das ist das Wort des Vorstands der Bezirkswahlleiter in Florida, Ion Sancho, des einzigen unparteiischen Wahlbeamten in dem Bundesstaat. Er leitet die Wahlen im weißer als weißen Leon County, zu dem die Landeshauptstadt Tallahassee gehört.

Er ließ mich die Maschine ausprobieren, die er für die Wähler Leons aufgestellt hatte: Stimmzettel aus Papier, die elektronisch eingelesen werden. Ich wählte Ralph Nader und Pat Buchanan als Präsident. Das heißt, ich kreuzte bewusst zu viele an (zwei Kandidaten für ein Amt), und machte damit den Stimmzettel ungültig. Als ich ihn in das Lesegerät steckte, spuckte dieses ihn wieder aus und teilte mir mit, dass ich zugleich einen Anwalt der Verbraucher *und* einen dümmlichen Eiferer gewählt habe und mich für einen von beiden entscheiden müsse. Mit anderen Worten, *ich konnte meinen Stimmzettel nicht ungültig machen.* Ich nahm einen weiteren Stimmzettel und berichtigte mich.

Bei Sanchos letzter Präsidentenwahl gab es *nicht eine ungültige Stimme in seinem gesamten riesigen Bezirk.*

Teufel auch! Hätten die Offiziellen in Florida diese Maschine im Jahr 2000 gekannt, hätte es nicht 179 855 ungültige Stimmen durch hängende Papierfitzel und zu viel angekreuzte Kandidaten gegeben.

Aber sie wussten es. »Ich lud die Innenministerin ein, sich diese Maschinen anzusehen«, berichtete er, »*vor* der Wahl.« Harris konnte Sanchos Büro aus dem Fenster des Staatskapitols sehen. Sie hätte nur den Fahrstuhl nach unten nehmen – oder springen müssen.

Sie sprang nicht, noch nahm sie den Lift, selbst nachdem Sancho sie über ein äußerst dringliches Problem unterrichtet hatte. Der Bezirk nebenan, Gadsden, der ärmste und schwärzeste in Florida, hatte ebenfalls diese coolen Wunderstimmzettel-Lesegeräte aufgestellt, konnte sich aber nur ein paar davon leisten, die im Zentralbüro aufgestellt wurden. Das Ergebnis: Die Maschinen wiesen zwar alle »ungültigen« Stimmzettel zurück – aber zu dieser Zeit waren die Wähler, die ihre Stimme in anderen Lokalen abgegeben hatten, längst weg.

Sancho erkannte, dass dadurch eine Menge armer Wähler in jenem Bezirk ihr Wahlrecht einbüßen würde. So war es: Der schwärzeste Bezirk Floridas hatte die höchste Rate ungültiger Stimmzettel von allen.

Harris weigerte sich, den Missstand vor der Wahl zu beheben und tat es auch hinterher nicht. (Hier gab es zum Beispiel viele zurückgewiesene Stimmzettel, die von den Maschinen nicht angenommen wurden, weil die Wähler »Al Gore« darauf geschrieben hatten. Der Stimmzettel verlangte es, die Maschine konnte es jedoch nicht lesen – und Harris wollte es nicht zählen.)

Warum, zum Henker, grabe ich eine weitere Geschichte über Katherine Harris aus? Weil sie der Testlauf war, das Modell für die landesweite Markteinführung des Programms.

Der erwähnte Fall in Sarasota, die Wahl um Harris' eigenen Sitz sechs Jahre später, wo 18 000 Stimmen von den Maschinen nicht gespeichert wurden? Da hatten die Wähler des Bezirks für die *Verbannung* der papierlosen Computerwahl gestimmt. Doch der republikanische Bezirkswahlleiter ignorierte den Wählerwillen bewusst, dann kaufte er die papierlosen Maschinen, um ihnen für immer ihren Willen zu nehmen. Florida erlaubt zwar Straftätern nicht zu wählen, Wahlroboter dürfen es aber, und das so oft sie wollen.

Bei all dem Geld, das für Help America Vote lockergemacht wurde, würde man meinen, die USA würden in allen Wahllokalen Wahlen unter Verwendung optischer Lesegeräte von Papierstimmzetteln abhalten, die nicht ungültig werden können. Die superschicken papierlosen Computer kosten, wie Sancho hervorhebt, *fünf Mal so viel* wie das optische Lesegerät und produzieren *zwanzig Mal* so viele ungültige Stimmabgaben wie Sanchos technologisch anspruchsloseres Billiggerät.

Warum also mehr Geld für eine Maschine ausgeben, die nicht funktioniert? Hultin, der Leiter der Task Force von Colorado, schlug mir eine Antwort vor. »Es ist sehr beunruhigend«, sagte er. »Dieses Gesetz ist von Korruption beeinflusst. Jack Abramoff, Lobbyist für Diebold, den größten Hersteller von elektronischen Wahlmaschinen, sitzt im Gefängnis – und [Kongressabgeordneter] Bob Ney, Vorsitzender des Ausschusses für staatliche Aufgaben, sitzt im Gefängnis, weil er Jack Abramoff in Verbindung mit [dem Help America Vote] Gesetz gegen Geld begünstigte. So wurde eine Förderung genehmigt: 1,5 Millionen Dollar zum subventionierten Erwerb von Diebold-Geräten.«

Und?

»Deren Software verliert Stimmen.« Hultin hielt inne. »Systematisch.«

Und?

»Na«, sagte der konservative Offizielle. »Ziehen Sie Ihre Schlüsse.«

Ach, so.

Hultins Task Force stellte fest – und Diebold gab zu –, dass Stimmen verloren gehen, wenn die Speicherkarten aus den Geräten entfernt werden, um die Stimmen zusammenzuzählen. Für die Auszähler sehen sie schlicht wie nicht angekreuzte, ungültige Stimmen aus. Wieder geht es hier nicht darum, einem Kandidaten die Stimmen eines anderen zuzuschanzen, sondern um eine subtilere, hässlichere Methode, die nicht zurückzuverfolgende »Panne«. Aber Pannen, die sich in der erdrückenden Zahl der Fälle in schwarzen, braunen und demokratisch wählenden Bezirken ereignen.

Doch die Frage bleibt: Warum wird mehr Geld für eine Maschine ausgegeben, die nicht funktioniert? Wenn Sie die Antwort noch nicht kennen, haben Sie nicht aufgepasst. *Papierlose Geräte zur direkten Stimmabgabe funktionieren perfekt … für diejenigen, die diese Maschinen kaufen.*

Erinnern Sie sich an Paul Weyrichs Weisung an die Getreuen: Wir wollen nicht, dass alle wählen. Noch wollen wir ihre Stimmen zählen. Und wenn man einen Ku-Klux-Klan-Roboter bekommen kann, der die Arbeit erledigt, spielt der Preis keine Rolle.

22.

Wahlplacebos

Offenbar, so scheint mir, wollte da jemand wirklich nicht, dass die Stimmen der Latinos oder der Schwarzen oder gar, o Graus, die Stimmen der Ureinwohner gezählt wurden.

Im Acoma Pueblo trieb die Einwohner außer der Angst, dass ihr Nachwuchs im Irak fallen könnte, noch eine andere Sorge um. (Amerikanische Ureinwohner verachten Kriege im Ausland zwar rundweg, gehören aber häufig zu den Ersten, die sich freiwillig dafür melden.)

Etwa 200 Meilen südlich von Albuquerque im Nirgendwo sieht das Land des Pueblo nicht so aus, als könnte es allzu viel Ackerbau oder Viehzucht vertragen. Es war nicht immer so, aber die Abwässer aus der nahegelegenen Uranmine haben den Boden ziemlich vergiftet – und zweifellos die Leute von Acoma, auch wenn sich niemand die Mühe macht, es zu untersuchen.

Das Land ist vergiftet, aber nicht tot – noch nicht. Allerdings lebt die weltweite Nachfrage nach Uran kräftig auf. Offizielle des Bezirks und die Inhaber der Abbaurechte (natürlich nicht das Pueblo) wollen daher gerne ein Stück vom Kuchen abbekommen.

Die Acoma-Indianer nennen ihren wertvollen Berg über ihnen ihre Mutter. »Sie ist uns heilig«, sagte der Älteste David Ballo. Und heilig ist sie auch für das Geschäftsergebnis der Bergbaugesellschaften, die sie aufbohren wollen. Die große Bergbaugesellschaft im Westen ist BP, British Petroleum, ein Konzern, der über Erdöl hinausgegangen ist – *weit* hinaus. Der Piute-Stamm verklagt das Unternehmen wegen Vergiftung des Trinkwassers mit Uran, und die Ute-Indianer verklagen BP, ihr Erdöl im Stil der Koch-Brüder zu klauen. Aber ich schweife ab. Gewiss würde BP der Bergmutter nichts zuleide tun.

Da Amerika aber nun einmal eine Demokratie ist, wurde darüber abgestimmt. Weil die Zahl jener, die von dem Ergebnis vergiftet würden, höher ist als die Zahl jener, die das Gift aus der Erde holen wollen, dürfte die Bezirksverwaltung die Bergmama in Ruhe lassen.

Aber dann bekam das Pueblo die »Pecos Paul«-Behandlung. Sie erinnern sich an Pecos, den lateinamerikanischen Wahlleiter, der feststellte, dass er aus seiner eigenen Wählerliste gesäubert worden war.

Die massive Säuberung von Wählerlisten in Latinogebieten verwandelte sich in den Pueblos in ein wahres Massaker der Bürgerrechte. Ohne Benachrichtigung wurden Wähler wegen falscher Adressen wie »Nahe der Pueblo-Kirche« – die im Indianerland nicht falsch sind – von der Wahl ausgeschlossen. Sie brauchten »postalische Hausnummern«, die gar nicht existierten.

Das Ergebnis: 200 Bürger des Acoma-Pueblo gingen zur Wahl, nur um festzustellen, dass ihre Namen getilgt worden waren – Simsalabim!

Keine Sorge! Die Wähler erhielten alle einen »provisorischen« Stimmzettel. – Einen *was?*

Nach Katherine Harris' falscher Verbrechersäuberung in Florida verlangte der Black Caucus, die Gruppe der schwarzen Kongressabgeordneten, ein Verfahren, um irrtümlich gesäuberten Wählern doch noch die Wahl zu ermöglichen.

Karl Rove stimmte zu. *Kein* gutes Zeichen.

Also erfand die Bush-Administration die »provisorische« Stimmabgabe. Wenn Ihr Name nicht auf der Wählerliste auftaucht, können Sie um eine provisorische Stimmabgabe bitten.

Ein besserer Ausdruck wäre »Placebowahl«. Sie lässt Sie in dem Glauben, gewählt zu haben, aber Sie haben es nicht.

Ich sprach mit John Brakey von AUDIT-AZ. Diese Wahlbeobachtergruppe reichte 2004 Beschwerde beim Innenminister von Arizona ein, nachdem Brakey beobachtet hatte, wie mehrere Wahlhelfer Wähler zu einer provisorischen Stimmabgabe nötigten. Mr. Brakey, das waren doch nicht etwa, äh, Latinowähler, oder? »Die Wahlhelfer fragten nach den Namen der Leute und verglichen sie mit der Liste. Ein Wähler hatte den Namen *Juarez*. Der Wahlhelfer schaute unter dem Buchstaben *W* nach – und schickte ihn dann zur provisorischen Stimmabgabe.«

Arizona reagierte, indem es der Praxis ein Ende setzte – das heißt der Praxis der Wahlbeobachtung. Brakey wurde 2008, als er ein Wahllokal überwachte, festgenommen.

Der Black Caucus stimmte für Bushs Wahlgesetz Help America Vote. Es sicherte legitimen Wählern das Recht, eine provisorische Stimme abzugeben – *aber leider nicht das Recht, dass sie auch gezählt wurde.*

In Florida traf ich Willie Steen – Krankenpfleger, Vater und Verbrecher. Nun, eigentlich ist er gar kein Verbrecher, aber Katherine Harris listete ihn als einen solchen, weil ein Kerl namens William O'Steen ein Verbrechen begangen hatte. Zu Harris' Verteidigung sei gesagt, dass es eine naheliegende Verwechslung war, weil trotz der unterschiedlichen Namen beide in der Datenbank als *BLA*, als schwarz aufgeführt waren.

Jedenfalls nahm Steen seinen fünfjährigen Sohn mit ins

Wahllokal, um ihm zu zeigen, wie eine Demokratie funktionierte. Die Lehre war aufschlussreich. Man teilte Steens Sohn mit, dass sein Papi aufgrund seiner kriminellen Vergangenheit nicht wählen dürfe. Steen, der nie auch nur ein Strafmandat wegen Falschparkens bekommen hatte, konnte nun um eine provisorische Stimmabgabe bitten, bis die Aktenlage geklärt wäre.[12]

Und wirklich, bei Prüfung der Akten wurde festgestellt, dass er fälschlich als Straftäter aufgeführt war. Und daher wurde seine provisorische Stimmabgabe *nicht gezählt*. Es gibt keinerlei Vorkehrung für die Korrektur der Fehler, die überhaupt zur Säuberung führten.

2008 erhielten weit über 2,1 Millionen US-Bürger provisorische Stimmzettel, weil sie laut Register keine rechtmäßigen Wähler waren (Straftäter, Ausländer, geistig Behinderte, unter betrügerischen Adressen Gemeldete etc.). Angesichts der Tatsache, dass illegales Wählen mit Gefängnis bestraft wird, ist Amerika anscheinend im Griff einer Kriminalitätswelle, in die Millionen von Übeltätern verstrickt sind.

Und wie viele Verhaftungen gab es wegen krimineller Versuche, mittels provisorischer Wahlzettel zu wählen? Äh, null. Null von einer Million angeblich unrechtmäßiger Wähler. (Sie sind leicht zu finden: Sie unterschreiben mit ihren Namen auf dem provisorischen Wahlzettel, eine weitere Straftat.)

Aber vielleicht, nur *vielleicht*, sind das gar keine Verbrecher, sondern *Opfer* eines Verbrechens: des Verbrechens, gezielt Bürger am Wählen zu hindern.

---

12 Lernen Sie Willie Steen in den BBC-TV-Sendungen *Bush Family Fortunes* und *Election Files* kennen, gegen eine Spende an den gemeinnützigen Palast Investigative Fund. Wenn Sie den Affen unterhaltsam finden, geben Sie ihm Zucker.

Aber sie *könnten* doch Kriminelle sein. Wir wissen das, weil die meisten von ihnen *BLA* oder *HISP* sind, schwarz oder »hispanisch« (d. h. lateinamerikanisch).

Kehren wir nun zu dem Acoma-Pueblo zurück, wo die Vergifteten an der Wahlurne den Giftmischern gegenübertraten. 200 erhielten provisorische Stimmzettel und schickten sie zum Bezirkssekretär, ein vergiftungsfreundlicher Politiker. Er lehnte jeden Einzelnen von ihnen ab.

Und das aus gutem Grund: Sie waren nicht in den offiziellen Umschlägen für provisorische Stimmzettel versiegelt.

Und das hatte ebenfalls einen guten Grund: *Der Sekretär hatte dem Pueblo nie die offiziellen provisorischen Stimmzettelumschläge zugeschickt.*

Hauptmann Iglesias fand das anrüchig. Der US-Staatsanwalt stieß auf das Pueblo herab und stellte Strafanzeige gegen die Bezirksverantwortlichen wegen Entzugs des Wahlrechts amerikanischer Ureinwohner.

Die Offiziellen waren übrigens allesamt Demokraten.

Aber Karl Rove war darüber anscheinend überhaupt nicht erfreut. Hier war der Beweis für Wahlbetrug, auf den die Verhaftung korrupter Mitglieder der Demokratischen Partei folgte, aber für die republikanischen Parteifunktionäre war das nicht der Job, für den Iglesias losgeschickt worden war.

Das Problem war, dass Iglesias nicht die Amtsträger verhaften sollte, die Wähler betrogen – er sollte die *Wähler* verhaften.

Das war Hauptmann Iglesias wohl entgangen. *Er* entging ihnen nicht.

Frage: Pueblo-Indianer sind Demokraten durch und durch. Warum stahlen die Demokraten die Stimmen demokratischer Wähler?

Warum verschwinden so viele Stimmzettel in Amerika? Und warum so viele, seltsamerweise, aus Indianerreservaten?

Folge dem Geld. Folge dem Koch-Tankwagen und den Bohrmeißeln von BP.

Man kann niemandes Öl absaugen noch seine Kinder vergiften, noch sein Land und seine Freiheit und sein Leben rauben, sofern man ihm oder ihr nicht die Stimme raubt.

Hier ist der Schlüssel zur Unterdrückung von Wählerstimmen: NIEMAND STIEHLT STIMMEN, UM EINE WAHL ZU GEWINNEN.

Wegwerfen provisorischer Stimmzettel: Die provisorische Stimmabgabe ist eine Kreation des Help America Vote Act. Wenn Bürger feststellen, dass sie irrtümlich aus den Wählerlisten gesäubert wurden, dürfen sie einen »provisorischen« Stimmzettel ausfüllen. Sie verlassen das Wahllokal nach diesem Placebo glücklich in dem Glauben, dass ihre Stimme gezählt wird. Sobald sie gegangen sind, werden die meisten dieser Quasi-Stimmen weggeworfen.

Das Wegwerfen von Stimmzetteln folgt einem bekannten Farbmuster: Die meisten Wegwerfer sind weiß, die meisten Weggeworfenen nicht.

Jedes Verbrechen erfordert zwei Elemente: Motiv und Gelegenheit. Die Gelegenheit ist, *wie* es getan wird. Das Motiv ist, *warum* es getan wird.

Warum also Stimmen klauen und ungültig machen und Wählerregister säubern? Erzählen Sie mir nicht: »Um Wahlen zu stehlen.« Nee, oder? Das ist so, als würde man sagen, das Motiv eines Safeknackers bestünde darin, in den Tresorraum der Bank einzubrechen. Nein, das Motiv des Bankräubers ist nicht, in den Tresorraum zu kommen, sondern *das Geld von dort herauszuholen*.

Das ist entscheidend: Als ich mir wieder die Daten der Harvard-Studie vornahm, die Rohdaten der Election Assistance Commission, stellte ich fest, dass *arme Weiße* bei den ungezählten Stimmen genauso schlecht abschneiden wie Schwarze und Latinos. Wir erkennen Rassendiskriminierung in den Statistiken, weil in Amerika Hautfarbe und Armut eine hässliche Korrelation aufweisen. Aber die ungezählten Stimmen führen, Bezirk für Bezirk, zu dieser noch hässlicheren Wahrheit: *Stimmendiebstahl ist Klassenkampf mit anderen Mitteln.*

Rechnen Sie es aus: Wenn 99 Prozent der Bürger wählen gingen, würde das oberste Prozent nicht allzu viele Wahlen gewinnen. Demokratie ist der Sozialismus der Macht. Thomas Paine sagte das. Aber den würden sie natürlich auch nicht wählen lassen.

Tatsächlich kreischen einige Afroamerikaner und Latinos, die selbst zum obersten einen Prozent der Gesellschaft aufgestiegen sind, fröhlich »Horrido!« und beteiligen sich an der Jagd auf arme Wähler.

Bevor Paine nach Frankreich ins Exil ging (wo man ihn auch nicht wählen ließ), warnte er uns davor, dass die Reichen mit der Macht ihres Geldbeutels den Armen das Stimmrecht nehmen:

»Persönliche Rechte, zu denen auch das Recht gehört, Repräsentanten zu wählen, sind eine Sorte von Eigentum der heiligsten Art, und derjenige, der sein Geldvermögen einsetzt oder sich aufgrund des Einflusses, das es ihm verleiht, herausnimmt, einen anderen seines Eigentums oder seiner Rechte zu entkleiden oder zu berauben, bedient sich dieses Geldvermögen wie einer Feuerwaffe.«

Mit anderen Worten, wenn ein Reicher sein Geld benutzt, um eine Wahl zu beeinflussen, ist das nicht anders als ein bewaffneter Überfall.

23.

Briefe fürs Kröpfchen

»Ich wusste nicht, dass ich den kleinen Kreis ganz ausfüllen musste.«

Das war die überaus lahme Entschuldigung einer Wählerin, die ihren Wahlzettel verpatzte, als sie einer Demokratin ihre Stimme für die Bürgermeistwahl im kalifornischen San Diego geben wollte.

2004 bekam Donna Frye, Spitzname »Surfer Chick«, die meisten Stimmen für das Bürgermeisteramt der Stadt, durfte das Amt aber nicht antreten. Donna betreibt den Surf-Shop am Strand (Ehemann Skip Frye war Surfweltmeister). Besorgt über die Immobilienhaie, die ihre Klauen nach den Grundstücken in Wassernähe ausstreckten, beschloss sie, für das Bürgermeisteramt zu kandidieren, als handschriftlich in den Wahlzettel einzutragende Kandidatin.

In Kalifornien stimmt beinahe ein Drittel der Wähler per Briefwahl ab. Doch 4000 der Leute, die »Donna Frye« in diese Briefwahlbögen eintrugen, versäumten es, den kleinen Kreis auf dem Zettel auszufüllen.

Und so sieht er aus: ○

Auf dem Wahlzettel war die Auswahl der Kandidaten mit einem kleinen Kreis neben jedem Namen aufgelistet sowie Platz für einen handschriftlich eingetragenen Kandidaten. Man musste also »Donna Frye« schreiben und den kleinen Kreis daneben auffüllen. (Ganz ausfüllen, aber nicht darüber hinaus, kein X oder Haken – damit wäre man disqualifiziert.)

Republikanische Wahlbeamte warfen die 4000 Stimmen mit Freys Namen darauf, aber ohne geschwärzten Kreis, aus der Wertung. Donna legte zwar Beschwerde ein, konzedierte aber die Streichung von Stimmzetteln mit dem Eintrag »Surfer Chick«.

In den Tagen, als wir noch eine Demokratie hatten, vertraten die Gerichte die Auffassung, dass die Wählerabsicht darüber entscheiden sollte, ob ein Stimmzettel gewertet wird. Aber seit dem Urteil im Verfahren *Bush gegen Gore* ist das, was der Wähler eindeutig will, keinen Pfifferling mehr wert. Doch Karl Rove und seine Clique bestehen darauf, dass sich nur so Betrug auf breiter Front verhindern lasse.

Im ganzen Land spielen Parteisoldaten mit den Briefwahlunterlagen »Erwischt!«. Hier einige meiner Lieblingsbeispiele, jedes davon kostete mehreren Tausend Bürgern ihre Stimme:

- falscher Umschlag
- falsches Porto
- fragwürdige Unterschrift
- verirrte Markierung (ungültig)
- falsch gefaltet
- von Wahlhelfern verloren
- ein X statt ein ausgefüllter Kreis.

Die »falsche Unterschrift« ist der verdächtigste Vorwand von allen. Wenn ein Wahlbeamter glaubt, dass eine Unterschrift gefälscht ist, dann sollte er *die Polizei rufen*. Hier geht es um die ernste Straftat der Wahlfälschung (Ausfüllen und Versenden eines Stimmzettels, der nicht der eigene ist). Das ist das einzige Wahldelikt, das wirklich vorkommt, wenn auch unglaublich selten. Wenn es also wirklich Hinweise

»Mama! Warum hast du denn den kleinen Kreis nicht ausgefüllt?«
»Tut mir leid! Ich wusste nicht, dass man ihn ausfüllen muss! Deine Schwester ist Anwältin und hat uns beim Ausfüllen geholfen.«

auf eine Straftat gibt, ist die Antwort nicht, einen Stimmzettel auszusortieren und damit den Beweis zu vernichten, sondern den Betrüger hinter Gitter zu bringen.

Ich ging also los und besuchte zwei der Betrüger, die nicht anständig ihre Kreise ausgefüllt hatten. Vielleicht konnte ich für ihre Verhaftung sorgen.

Bei der letzten Präsidentschaftswahl wurden über 27 000 »verdächtige« (d. h. gefälschte) Unterschriften entdeckt. Und doch wurde keiner dieser Fälscher dingfest gemacht. Warum nicht? Vielleicht, weil es gar keine Fälschungen waren, sondern nur leichte Abweichungen der Unterschrift (erinnern Sie sich an Melissa Tais?) oder der verwendeten Stifte waren. Oder der Wahlbeamte mochte die Wahlentscheidung des Unterzeichners nicht. *Himmel! Könnte so etwas in Amerika passieren?*

Es gibt eine Lösung: Wenn ein Briefwahlzettel einen Fehler oder eine fragwürdige Unterschrift hat, könnte der Wahlbeamte doch einfach den Wähler anrufen und ihn oder sie bitten, vorbeizukommen, um ihn zu korrigieren. Oregon macht das so. So machte es außerdem … nun, eigentlich macht das *kein* anderer US-Bundesstaat so. Weil Rove und seine Schredderfreunde es so wollen.

Man verliert also seine Stimme. Und hier kommt der Zauber: *Sie merken es nicht einmal! Ha, ha, ha!*

Spielt das eine Rolle?

Es hat mehr als ein Mal dazu geführt, dass der Ausruf »Es lebe der Präsident!« besser zu »Es lebe der Delinquent!« geändert worden wäre.

Es wird erwartet, dass mindestens 30 Millionen Stimmzettel per Briefwahl abgegeben werden, und im Namen der Verhinderung von Wählerbetrug wird davon etwa einer von 14 aussortiert. Das sind zwei Millionen Stimmen, die im *Erwischt!*-Container landen.

Aber treiben es nicht beide Parteien, das »Erwischt«-Spiel mit den Stimmzetteln? Ja, tun sie. Dann gleicht sich also alles wieder aus, stimmt's? *Falsch!*

Wenn Sie aufgepasst haben, dann haben Sie bereits erraten, dass die Wahrscheinlichkeit, dass ein Briefwahlzettel in die Tonne fliegt, auf der Hautfarbe der Person basiert, deren Name auf dem Wahlzettel steht und auf seiner oder ihrer Einkommensklasse.

Ablehnung von Briefwahlstimmen

Etwa 30 Millionen Briefwahlzettel werden im November zu parteiischen Wahlleitern geschickt. Laut Wahlunterlagen wird eine von 14 Stimmen wegen falscher Frankierung, falschem Umschlag, falscher Unterschrift (z. B. Initiale des Mittelnamens hinzugefügt oder fehlend) oder falscher Faltung nicht gewertet, oder weil der Absender die Auswahl mit einem X statt einem ausgefüllten Kreis markierte.

Und nur um sicherzugehen, dass die Auszählung zugunsten der Reichen einen ihrer Kandidaten ins Amt bringt, gaben die Kochs im Juni 2012 im Wahlkampf um die Abwahl des amtierenden Gouverneurs von Wisconsin mindestens eine Million Dollar für die Behandlung der Briefwahlunterlagen aus. Mit ihrer neuen Monsterdatenbank erhielten die Wähler der Republikaner vorausgefüllte Wahlzettel mit Umschlag mit sämtlichen persönlichen Angaben bereits eingetragen, um sie gegen jede Zurückweisung zu feien. Man musste sie nur noch unterschreiben und in den Briefkasten werfen.

Das ist legal und brillant. Ebenfalls brillant, aber möglicherweise nicht so legal ist, dass zu den Präsidentschaftswahlen im November dieselbe Datenbank »umgedreht« werden könnte, um die Briefwähler der Demokraten in die Irre zu führen, um die Zahl der Ablehnungen und Anfechtungen hochzutreiben. Das werden sie nicht wagen? Während des Wahlkampfs zur Abwahl des Gouverneurs von Wisconsin schickte eine Gruppe namens United Sportsmen of Wisconsin Formulare an Demokraten zum Anfordern der Briefwahlunterlagen – mit falscher Adresse und falschem Einsendeschluss. Die Sportsleute, die nur während dieses Wahlkampfs existierten, wurden von John W. Conners gegründet – bis vor kurzem Direktor der Koch-Initiative Americans for Prosperity. Das ist Sportsgeist à la Koch.

24.

Abgeblockt

Sieht schlecht aus für die alten weißen Knacker. Außer den 16 Millionen ehemaligen Knackis, die wählen dürfen, es aber nicht wissen, gibt es in den USA etwa 11 *Millionen* nichtregistrierte Latinos, allesamt Amerikaner, und 15 Millionen Junge zwischen 18 und 24, die sich nicht lange genug von Facebook weglocken lassen, um sich zu registrieren – zumindest nach der offiziellen Zählung der Wählerregistrierung. Diese Nichtwähler könnten, wenn sie sich plötzlich registrieren würden, den Planeten erschüttern.

Glauben Sie, die alte Weltordnung hat daran noch nicht gedacht?

Wie also hindert sie Amerikaner daran, Amerika zu übernehmen? Nichts leichter als das: *Erstens, man mache die Registrierung von Wählern zu einem Verbrechen.*

In einem Wechselstaat wie Florida mit einer riesigen neuen Latinobevölkerung (nein, keine Kubaner, sondern Puerto-Ricaner) erklärt man es für *illegal*, Bürger in Sozialämtern, Kirchen oder auf eigenen Aktionsveranstaltungen zu registrieren. (Tipp: Verstecken Sie die Registrierungsformulare in Pistolenläufen. Handfeuerwaffen sind an all diesen Orten erlaubt.)

Zweitens, machen Sie die Registrierung von Wählern so riskant wie ein Derivat von JP Morgan. In Florida (ich liebe es, Florida als Beispiel für Wählerunterdrückung anzuführen, Sie nicht?) machte es Gouverneur Jeb Bush zu einer mit giftigen Geldstrafen bewehrten Straftat, Wählerformulare

mehr als 48 Stunden nach dem Ausfüllen oder mit klitze-
kleinen Fehlern einzureichen. Er warf die League of Women
Voters erfolgreich aus dem Registrierungsgeschäft, bis Juni
2012, als ein Richter es Florida untersagte, Registrierer zu
verknacken. Aber da die Leiche der Registrierungsinitiative
ACORN noch warm ist, trauen sich die Liga und andere
kaum noch mit ihren Klemmbrettern auf die Straßen von
Miami.

Trotzdem, warum ist die Registrierungsrate der lateinamerikanischen Bevölkerung so grottenschlecht?

Laut *New York Times* liegt es an allererster Stelle am »tief
verwurzelten Muster der Nichtbeteiligung« der Latinos. Mit
anderen Worten, sie sind einfach faul, es schert sie einen
feuchten Taco, sie schätzen ihre Siesta mehr als ihre Stimme.
An keiner Stelle weicht der Autor des Artikels von dem ethnischen Profil der Chicanos als Leuten ohne Engagement
ab, die der Registrierung lustlos, wenn nicht gar feindselig
gegenüberstehen.

Hätte die *New York Times* einmal einen Blick in die Statistiken geworfen, statt sich auf Stereotype und alte Cantin-
flas-Filme zu verlassen, hätte sie aus einer detaillierten Erhebung des US-Statistikamtes ersehen können, dass *weiße*

Wähler mit einer um ein Drittel höheren Wahrscheinlichkeit angeben, sich aus Desinteresse nicht zu registrieren.[13] Als größtes Hindernis der Registrierung nennen lateinamerikanische Bürger »Schwierigkeiten mit der englischen Sprache«. Verdammich! Die *Times no pensò de eso, chingalos!*

Aber es gibt noch eine andere Erklärung für den *Rückgang* bei der Wahlregistrierung der Latinos: Sie registrieren sich ja, millionenfach – nur um zu erleben, dass ihre Registrierung abgelehnt wird, oder, wenn sie es doch in die Wählerlisten schaffen, dass ihre Namen gesäubert werden. Nicht das Geringste ist der *New York Times* von der Säuberungsgeneralin Donetta Davidson zu Ohren gekommen, die in Colorado einen von fünf Wählern aus dem Register schmiss.

Wenn ihre Reporter nicht zu faul wären, die Fakten zu überprüfen, würde die Zeitung feststellen, dass *die Mehrzahl der Registrierungsformulare, die von rechtmäßigen farbigen Wählern in Kalifornien eingereicht worden waren, abgelehnt wurden.* Etliche Jahre haben die Latinos die Formulare ausgefüllt, und der Staat hat sie abgewiesen.

Es war der republikanische Innenminister Bruce McPherson, der kurzerhand beinahe die Hälfte (42 Prozent) der Neuregistrierungen ablehnte, über 14 000 Wähler allein im Bezirk Los Angeles. (Er machte sich nicht die Mühe, es den Wählern mitzuteilen. Er wollte ihnen am Wahltag eine Überraschung bereiten.)

---

13 Tatsächlich zeigt die statistische Erhebung, dass die Latinos unter allen ethnischen Gruppen am engagiertesten *bestrebt sind*, sich zu registrieren. Während der *Times*-Artikel langatmig diejenigen unter ihnen zu Wort kommen lässt, die sagen, ihre Stimme mache keinen Unterschied, belegt die amtliche Statistik, dass Weiße diese Ansicht doppelt so häufig äußern wie Latinos (vgl. http://www.census.gov/prod/2010pubs/p20-562.pdf).

Nur der Bezirk von Los Angeles stellte diese angebliche Lawine betrügerischer Wähler in Frage. Seine Mitarbeiter riefen jeden der abgelehnten Wähler an, und alle, die sie erreichten, waren tatsächlich wahlberechtigt, aber ihre Namen waren von den Beamten falsch eingetippt oder vom republikanischen Parteifunktionär schlicht als »verdächtig« abgelehnt worden. (Übrigens: Asiaten wählen demokratisch, und ihre Registrierungsraten sind noch schlechter als die der Latinos.)

Und da ist noch eine weitere Methode, um Registrierungen zu torpedieren: Etwa 2,2 Millionen Namen wurden falsch buchstabiert oder enthalten andere *Fehler der Staatsbediensteten*. McPhersons Nachfolgerin Bowen sagte mir, dass die Behörden nicht mit den Bindestrichen und ungewöhnlichen Schreibungen der neuen Namen klarkämen; aber die Funktionäre der Republikaner kennzeichneten Schreibfehler der Staatsbediensteten als »Betrug« der Wähler.

Wenn die Wähler ins Wahllokal kommen, sagt man ihnen in den meisten Fällen: »Pech gehabt!«, oder man reicht ihnen einen provisorischen Placebostimmzettel.

Und wie es in Kalifornien zugeht, so geht's landauf, landab. Mehrere US-Bundesstaaten verlangen, dass ein Beleg der Staatsbürgerschaft mit dem Formular *eingesandt* wird. Liebe Leser, besitzen Sie einen Nachweis Ihrer Staatsbürgerschaft, der mit Ihrem Registrierungsnamen, Ihrer Unterschrift und Ihrer Adresse übereinstimmt?

Es klingt verrückt, aber nur in zwei Bundesstaaten, Maine und Michigan, haben sich mehr als 50 Prozent der wahlberechtigten lateinamerikanischen Bürger registriert. Michigans ehemalige Gouverneurin Jennifer Granholm sagte mir, das sei nur möglich gewesen, weil sie sich mit der National

Association for the Advancement of Colored People (NAACP) zusammengetan habe, um gegen die widerwärtige Säuberungskampagne der Republikaner anzukämpfen.

Ja, 2008 waren weniger Latinos und Afroamerikaner in den Wählerlisten verzeichnet, aber nicht, weil sie es nicht versucht hätten. Angesichts von 20 Millionen Registrierungen, die gemäß dem Help America Vote Act *jedes Jahr* gesäubert werden, zuzüglich der umfassenden Ablehnungen und Verwaltungsfehler, ist es erstaunlich, dass überhaupt so viele farbige Wähler übrig geblieben sind.

Wer sich zu registrieren versucht, gerät in ein unmögliches Leiterspiel, ein Labyrinth aus Falltüren, Löwen, Tigern und Bären. Im Wechselstaat Indiana (wir kommen noch darauf) haben neue gesetzliche Bestimmungen zum Nachweis der Identität drei von vier lateinamerikanischen Wählern von der Registrierung abgehalten.

Und obwohl ein Bundesgesetz die Bundesstaaten verpflichtet, Registrierungsbögen in staatlichen Behörden auszulegen, wurden die Formulare in einigen Staaten wie Florida aus den Sozialämtern entfernt und in Highschools *verboten*.

Das klappte verdammt gut. Die Zahl der wählenden Bürger mit einem jährlichen Einkommen von unter 15 000 Dollar ist tatsächlich zurückgegangen. Mission erfüllt! In Florida lag die Registrierung im Mai 2011 um 81 000 niedriger als im Mai 2008.

Machen Sie sich also auf das Endergebnis gefasst: Die Zahl der registrierten schwarzen und lateinamerikanischen Wähler in den USA ist von 2008 bis zur folgenden Wahl radikal gefallen, um zwei Millionen in vier Jahren.

Zu zimperlich, das Problem der Rassendiskriminierung anzugehen, verschlossen die Demokraten in Obamas letztem Wahlkampf buchstäblich die Augen vor der Wahrheit und stellten sogar die Registrierungszahlen des US-Statistikamtes in Frage, statt der kybernetischen Wiedergeburt von Jim (und José) Crow – das heißt der Diskriminierung von Afroamerikanern und Latinos – entgegenzutreten.

Das ist der Grund, warum ich die Amerikaner auffordere, *sich ihre Stimme selbst zurückzustehlen.* Sich auf politische Parteien zu verlassen, half Martin Luther King nichts, und er hat den Nobelpreis gewonnen. Die Bürger müssen sich selbst verteidigen, statt auf einen Politiker zu warten, der sie beschützt.

Doch betrachten wir noch die seltsame Idee, dass die Registrierungsrate der Latinos fällt, weil die illegalen Ausländer in den Wählerlisten zurück über die Grenze nach Mexiko laufen.

Im Wechselstaat Arizona ist das die offizielle Linie. (Warnung: Arizona hat nicht nur, wie andere US-Bundesstaaten, eine offizielle Blume, sondern auch eine offizielle Illusion.

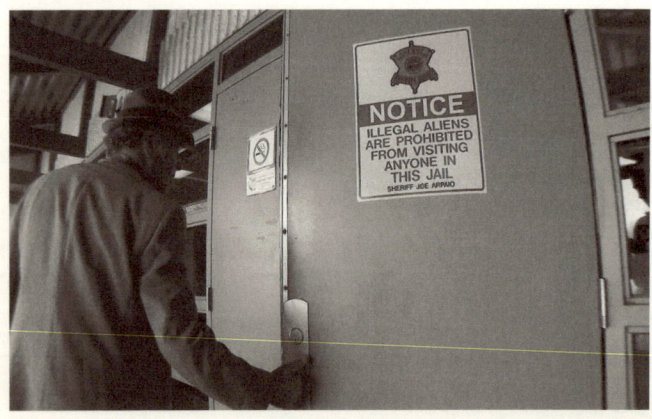

Das macht die Hitze.) Jedenfalls wurde in Arizona der Name von etwa 100 000 Latinos aus den Wählerregistern getilgt, und *Rolling Stone* war der Meinung, ich solle losziehen und ein paar von diesen Aliens beim Akt des Wählens schnappen.

25.

Die Aliens greifen an!

**»Es ist eine umfassende Anstrengung im Gange,
in diesem Land illegale Ausländer zu registrieren.«**
Senator Russell Pearce

Russell Pearce, Senator des Staates Arizona, initiierte eines der hässlichsten Gesetze zur Identitätsfeststellung, »Prop 200«. Es verlangt von allen, die sich neu registrieren lassen wollen, den Beweis zu erbringen, dass sie amerikanische Staatsbürger sind.

Als ich von all diesen illegalen Ausländern hörte, die durch den Rio Grande wateten, musste ich das Büro von Senator Pearce anrufen.

»Wie viele illegale Ausländer wurden tatsächlich registriert?«, wollte ich wissen.

Pearces PR-Flak erwiderte, es seien *fünf Millionen*. Zudem allesamt Demokraten.

FÜNF MILLIONEN? WOW!! Unser Rechercheteam flog nach Arizona, um nach diesen Horden von Wählern zu suchen, die durch den Rio Grande geschwommen kamen – nur damit sie für Obama stimmen konnten.

Wir wollten Pearce um ihre Namen und Adressen bitten, um einen Haufen von ihnen hochzunehmen und einen Pulitzer-Preis dafür einzuheimsen. Es sollte leicht sein: Ihre Namen und Adressen standen ja auf ihren verbrecherischen Registrierungsformularen. Ich würde liebend gern jeden Einzelnen persönlich festnehmen, vor laufender Kamera.

WERDEN AUSLÄNDER DEN NÄCHSTEN PRÄSI-
DENTEN DER VEREINIGTEN STAATEN WÄHLEN?
JA – ES SEI DENN, WIR VERABSCHIEDEN
DAS WÄHLER-DNA-GESETZ.

GIBT ES BEWEISE, DASS AUSLÄNDER ILLEGAL WÄHLEN?

NATÜRLICH NICHT. DIE SIND **RAFFINIERT**!

Aber Pearce zog den Kopf ein und versteckte sich wortwört-
lich vor unseren Objektiven. Es stellte sich raus, dass er gar
keine fünf Millionen Namen hatte. Er hatte nicht einmal
fünf. Er hatte nicht *einen Einzigen*.

Seine fünf Millionen ausländischen Wähler stammten
von einer republikanischen Website und war aus der Zahl
der Mexikaner in einer Grenzstadt extrapoliert worden, die
den Jurydienst verweigert hatten, weil sie keine Staatsbürger
waren. Niemand von ihnen hatte sich in Wirklichkeit als
Wähler registriert; sie hatten sich für den Führerschein
registriert. Sie hatten Führerscheine erworben wie gesetz-
lich vorgeschrieben.

Die illegalen Wähler – die *wetbacks*, die nach der Durchque-
rung des Rio Grande patschnass in den USA ankommenden
Mamas, die von der Wohlfahrt leben, und die ausländischen

Arbeitsplatzdiebe, die patschnass aus derselben Richtung ins Land einfallen – sind feuchte Träume auf republikanischen Websites, aber ihre mystische PR-Macht hilft den Parteisoldaten im Wahlkampf, auf die Wählerlisten und Bürgerrechte einzudreschen, ohne dass von den Demokraten mehr als ein Winseln zu vernehmen wäre.

Es gibt in den USA nur vier Nachweise der Staatsbürgerschaft:

1. Sie besitzen Ihre ursprüngliche Geburtsurkunde. Viel Glück damit, besonders den in den USA geborenen armen Latinos, die zu Hause zur Welt kamen und kaum Zugang zu solchen Dokumenten hatten.

2. Ein US-Reisepass. (Nicht viele Angestellte bei Wal-Mart sehen so aus, als kämen sie gerade von einem Skiurlaub in den Alpen zurück.)

3. Einbürgerungspapiere. Wenn Sie die Staatsbürgerschaft erworben haben, dann sind Sie im Besitz von Dokumenten, die das belegen. Das Problem ist, dass die meisten Latinofamilien in Arizona Bürger der USA waren, bevor es eine USA gab. Sie sind natürliche, keine naturalisierten Bürger und haben daher keine Papiere.

4. Weiße Haut. Laut US-Justizministerium akzeptiert die Polizei von Arizona weiße Haut als Nachweis der Staatsbürgerschaft. Sheriff Joe Arpaio von Maricopa County (Phoenix) steht vor Gericht, weil er seine Polizisten anwies, von Bürgern mit bräunlichem Hautton Staatsbürgerschaftsnachweise zu verlangen und sie ins Kittchen zu werfen, wenn sie keine Papiere vorlegten.

Ich testete die Regel »Weiß-gleich-Staatsbürger« selbst. Ich besuchte Arpaios berühmtes oder vielleicht eher berüchtigtes Freiluftgefängnis in der Wüste. Man sieht ein Schild mit der Aufschrift »ILLEGALEN AUSLÄNDERN IST ES VERBOTEN, IRGENDJEMAND IN DIESEM GEFÄNGNIS ZU BESUCHEN – SHERRIFF JOE ARPAIO«. Was, wenn er herausfand, dass sich Großmutter Palast einst aus dem kanadischen Windsor ins Land eingeschlichen hatte?!

Keine Sorge: Die Leute des Sheriffs waren froh, mich und meine Recherchechefin in der Zeltstadt herumzuführen, ohne dass die nach deportierbaren Delinquenten schnüffelnden Profis nach ihrem Staatsbürgerschaftsnachweis fragten. Sie hatte keinen, weil sie keine Staatsbürgerin ist. Aber sie hatte daran gedacht, ihre weiße Haut mitzubringen.

Doch die Jagd auf illegale Ausländer ist nicht der Punkt. Die Latinos in Arizona wählen im Verhältnis zwei zu eins demokratisch, und wenn man ihnen allen erlaubte, sich zu registrieren, wären der republikanische Sheriff und die Republikanische Partei des Staates erledigt – sie wären *toast*, wie man auf Englisch sagt, oder besser: Tortillas.

Und das ist verteufelt wirkungsvoll. Bislang wurde noch nicht ein illegaler Ausländer beim Wählen ertappt – dafür wurde eine von drei Wählerregistrierungen in Phoenix abgelehnt.

Olé, Señor Rove!

26.

Presse-Blues

Ich hoffe, Sie fragen danach: *Warum sind Amerikas eigene Tageszeitungen und Nachrichtenkanäle bei diesen Recherchen nicht vorangegangen?*

Ich vermute, es liegt zum Teil an der Showmagie. Niemand innerhalb des großen amerikanischen Zirkuszelts möchte gern glauben, zum Narren gehalten zu werden. Amerika sieht sich gerne als Demokratie. Niemand möchte wirklich erfahren, dass die eigene Stimme gekapert, gepimpt, versenkt, aussortiert, gesäubert, von einer Maschine verschluckt, manipuliert, geklaut, gezinkt oder gelinkt wurde.

Als Katherine Harris im Jahr 2000 Zehntausende von unschuldigen schwarzen Wählern als »Straftäter« säuberte, brachte BBC die Meldung gleich am Anfang der Hauptnachrichten zur besten Sendezeit, die britische Zeitung *The Guardian* auf der Titelseite. Auf der ganzen Welt schlugen die Schlagzeilen angesichts des abgekarteten Spiels in Florida Alarm – außer in den USA, wo es die Story nicht mal unter »ferner liefen« schaffte.

Ich muss zugeben, dass die *New York Times* in einem Leitartikel klagte, »Florida manipulierte Wählerlisten, um Straftäter auszuschließen ... und entfernte dabei schwarze Wähler, die keine Verbrecher waren«. Aber sie veröffentlichte diesen Kommentar über die Wahl von 2000 im Jahr *2012*. Ein Jahrzehnt zuvor hatte die mächtige, tonangebende Zeitung die Story vom *Guardian* rundweg abgelehnt. CBS News wollte die Geschichte der BBC ebenfalls nicht bringen, erzählte mir Dan Rathers Produzent, sie sei »nicht stichhaltig« gewesen. Die Rechercheleistung des Senders: »*Wir haben Jeb Bushs Büro angerufen.*« Bushs PR-Heini erzählte CBS, dass an der BBC-Geschichte nichts dran sei. Für CBS war das gut genug.

Ich denke mir das nicht aus.

Ich habe nicht genug Zeit, Platz oder Alkohol, um die Versäumnisse des Metiers aufzulisten, das sich in den USA lachhafterweise »Nachrichtenberichterstattung« nennt. Aber ich muss mindestens vier Ismen erwähnen, die die amerikanische Presse vor der Berichterstattung über den Wahlbetrug abschrecken:

1. lahmärschiger Phlegmatismus
2. verlogener Ausgewogenheits-ismus
3. Angst vor Journalismus
4. Rassimus.

Lassen Sie mich das anhand des *Besten* veranschaulichen, was die amerikanische Berichterstattung zu bieten hat:

Im Mai 2012 gab National Public Radio bekannt, dass Gouverneur Rick Scott die Säuberung von 182 000 »Nichtbürgern« aus den Wählerlisten Floridas angeordnet hatte. In einer jener tiefen, von Seriosität triefenden Stimmen, die NPR-Reporter im Repertoire haben, erfuhren wir:

»Führende Politiker der Republikaner erklärten, die neuen Wahlregeln würden benötigt, um Betrug zu bekämpfen. Kürzlich führten Wahlbeamte des Staates eine Untersuchung durch, die dem Argument anscheinend einige Glaubwürdigkeit verleiht. Sie gaben bekannt, dass sie die Registrierungen von Tausenden

Wählern in Florida unter die Lupe nähmen, die möglicherweise keine amerikanischen Staatsbürger seien. Der Vorsitzende der Republikanischen Partei Floridas, Lenny Curry, sagte, die Untersuchung belege, warum strengere Wahlregeln notwendig seien.«

Okay, liebe Klasse: Worin besteht hier der glaubwürdige Beweis für die Anschuldigung, dass in Florida über 100 000 Ausländer illegal als Wähler registriert seien? Welche Tatsachen hat NPR in Augenschein genommen, die dieser Behauptung »einige Glaubwürdigkeit« verleihen?

Man würde meinen, die »Glaubwürdigkeit« ergebe sich daraus, dass in Florida tatsächlich illegale Wähler entdeckt wurden. Doch niemand hat bis zum heutigen Tag, an dem ich dies schreibe, je einen Einzigen von ihnen entdeckt. Gewiss nicht NPR, das die republikanische Liste zur Wählersäuberung absegnete – *ohne sich eine Kopie der Liste zu beschaffen.*

NPR beeilte sich, seine Schlussfolgerung, dass die Liste zum Teil glaubwürdig sei, durch einen Einwand auszubalancieren, dass »laut Wahlrechtsaktivisten die Untersuchung einen Versuch der republikanischen Administration darstelle, die juristische Rechtfertigung für die Beschränkungen zu stärken«.

Also, ist die Liste nun glaubwürdig oder nicht? Gibt es diese ausländischen Wähler, diese illegalen Aliens nun wirklich oder nicht? Als NPR-Hörer ist alles, was Sie bekommen, ein Haufen »Er sagte«, »Sie sagte« und Werbung für einen Kaffeebecher.

Wow! Illegale Aliens! Aus Mexico? Vom Mars? Andromeda? – NPR möchte es nicht verraten, weil sich der Starreporter von NPR, äh, die Liste gar nicht angesehen hat.

Die bedeutende *New York Times* tauchte tiefer in die Materie ein:

> »Einige der Leute auf einer anfänglichen Liste von 2700 möglichen Nichtbürgern, die an Bezirkswahlleiter verschickt wurde, waren entweder eingebürgert oder in den Vereinigten Staaten geboren.«

Einige der Leute? Ist die *New York Times* die Liste durchgegangen? *Njet.*

Indem sie »einige« sagt, stützt die Zeitung implizit die Idee, dass die Säuberungsliste weitgehend akkurat sei. Tatsächlich legt die Schlagzeile »Florida geht verstärkt gegen illegale Wähler vor« die Schlussfolgerung nahe, dass es illegale Wähler *gibt.* Selbst wo das Blatt – mit liberaler Empörung – die Säuberung in Zweifel zieht, stellt es fest, dass die Säuberungsliste »rechtmäßige Wähler enthalten könnte«.

»Könnte?« KÖNNTE???

Es gibt hier kein »Könnte«. Ausländer, die sich zur Wahl registrieren oder wählen gehen, haben sich einer Straftat schuldig gemacht, die mit Gefängnis und Deportation bestraft wird. Der Generalstaatsanwalt von Florida sagt, dass er jeden verhaften wird – falls er oder sie tatsächlich das Gesetz gebrochen hat. Von den 182 000 illegalen ausländischen Wählern dieser »Verbrechenswelle« hat Florida exakt *keinen* dingfest gemacht.

Ich habe folgendes öffentliches Versprechen abgegeben: Wenn 182 kriminelle Wähler gefunden werden, nur einer von tausend, werde ich in der Rotunde des Kapitols die Shorts des Gouverneurs verspeisen. Bislang bin ich noch nicht zum Essen eingeladen worden.

Der US-Staatsanwalt Iglesias sagte von der ähnlichen

Hexenjagd, die von Karl Rove in New Mexico angezettelt worden war, dass er auf der Suche nach solchen Illegalen die Tafelberge hoch- und runtergerannt sei, ohne auch nur einen Einzigen finden zu können. Trefferquote null.

Wer also steht auf der Liste von Florida? Wie bei den Aufstellungen in mehreren anderen Staaten handelt es sich um eine brillante Manipulation von Algorithmen zur Datenzuordnung. Indem sie die Fehler in den Datensätzen ausnutzen, sind republikanische Funktionäre in der Lage, »Verdächtige« für Verbrechen aus dem Hut zu zaubern, die gar nicht begangen wurden. Brillant ist es, weil in einem Staat, in dem Weiße 74 Prozent der registrierten Wähler ausmachen, die Säuberungslisten zu 74 Prozent aus Afro- und Lateinamerikanern bestehen. Hmmm.

Die Stimmenfresser treiben ihr Spiel also mit Geschick: Die US-Medien schlucken die Behauptung, dass es landesweit Millionen illegaler Wähler gebe, unbesehen – Ausländer, so abgefeimt, verschlagen und gewitzt, dass sie, obwohl sie persönlich erscheinen und ihre Adressen aufschreiben, nie gefasst werden.

Für die Medien besteht das einzige Problem darin, ob die *Methode*, mit der diese Phantome gejagt werden, fair ist oder nicht. So kommt die *New York Times* zu dem Schluss:

> »Kein Prozess ist perfekt«, sagte Lenny Curry, der Vorsitzende der Republikanischen Partei Floridas. »Das bedeutet nicht, dass es keinen Prozess geben und man nicht bestrebt sein sollte, das System zu schützen.«

Warum erzählt man uns nicht die ganze Geschichte? Dass die Listen zu fast 100 Prozent an den Haaren herbeigezogen sind und in eben dieser Absicht zurechtgeschustert werden?

Kehren wir zu unseren vier Ismen zurück. Erstens *hassen* es die US-Medien *wie die Pest*, die Zeit, Energie und Kosten aufzuwenden, um wirklich Beweise aufzuspüren und zu prüfen. Der Phlegmatismus ist nicht notwendigerweise die Schuld der Reporter, sondern von gierigen Fernsehsendern und Produzenten, die Angst haben, Position zu den Fakten zu beziehen.

Während unserer BBC-Recherche 2004 über die Unterdrückung von Wählerstimmen besuchte ein Produktionsteam von *60 Minutes* unser Büro und bat darum, bei uns mitmachen zu dürfen. Als wir die Säuberungsliste hervorholten, rief der CBS-Produzent aus: »Mensch, da müsste man ja 100 Stunden aufwenden, um diese Liste durchzugehen!«

Ach, was Sie nicht sagen, Sherlock.

Es ist viel billiger und leichter, einfach über widerstreitende Anschuldigungen zu berichten, »Er sagte ... sie sagte«. Anstelle von Nachrichten bekommen wir: »Karl Rove erklärte, der Mond bestehe aus Käse und gestohlenen Wahlzetteln. Dem hielt ACLU, die American Civil Liberties Union, entgegen, dass dies nicht ganz korrekt sei.«

Das nennt man einen »ausgewogenen« Bericht.

Nicht »ausgewogen« wäre es dagegen zu sagen, dass die Listen gezielt mit einem Diskriminierungsprofil angelegt werden. Die BBC gab mir *Monate* Zeit, um nach den Beweisen dafür zu suchen. Und als ich die harten Belege entdeckt hatte, dass der rassistische Angriff auf Unschuldige volle Absicht war, finanziert mit Millionen von Steuerdollars, verlangte die BBC von mir, den Säuberungsdirektor des Innenministers von Florida, Clayton Roberts, mit den Beweisen zu konfrontieren. Als ich es tat, riss er sich das Mikrofon vom Leib, rannte in sein Büro (ich hinterher), verschloss die

Tür und rief die State Trooper, um mich und meine Film-
crew im Polizeigriff aus dem Kapitol zu führen.

*Das können Sie nicht
im US-Fernsehen zeigen.*
Das gilt als »interessenge-
leitete« Berichterstattung.
Oder schlimmer, »Skan-
daljournalismus«. Nicht
»ausgewogen«. Im Rest
der Welt nennt man es
Journalismus. Nicht dass
ich mich beklagen würde.

Dabei sitzen bei der
New York Times und
National Public Radio die
guten Journalisten. Doch
dann gibt es da noch Fik-
tion, Lüge, Faktenhuberei
und Fox News, den Sen-
der, der die hysterischen

Wahlbetrugsfantasien von Fälschern wie John Fund unters
Volk bringt. Ich habe keine Zeit, Ihnen all die Knalltüten aus
diesem Karton vorzuführen, aber lassen Sie mich Ihnen ein
Prachtexemplar von Fund vorstellen: Der Mann behauptet
tatsächlich, es habe keinen einzigen rechtswidrigen Wahlrechtsentzug unter afroamerikanischen Wählern gegeben.

Mr. Fund, darf ich Ihnen Mr. Steen vorstellen. Golfkriegs-
veteran. Vater. Bekam nie ein Strafmandat wegen Falschparkens. BLA – schwarz und aus dem Wählerregister getilgt.
Zwei Mal.

27.

Gehen also
zehn Nonnen in ein ...

Unterbrechen Sie mich, wenn Sie den schon gehört haben. Gehen also diese zehn Nonnen in ein Wahllokal in Indiana. Sagt der Leiter: »Hoho, Schwestern! Was glauben Sie, was Sie da machen?«

»Wählen«, antwortet Schwester Mary.

»Tja, aber nicht hier, Ladys, *nicht ohne euren Ausweis*!« Er verlangte ihre Führerscheine, aber die zehn recht betagten Schwestern vom Heiligen Kreuz, darunter eine 98-Jährige, hatten das Autofahren schon seit langem aufgegeben.

»Na dann zischt schleunigst ab, Schwestern!«, giftete der Mann und bugsierte ihre Allerwertesten schnurstracks aus dem Lokal.

Ich mag den tatsächlichen Wortwechsel nicht mehr so ganz genau in Erinnerung haben, aber ich habe den Kern der Geschichte und die Fakten behalten: Die zehn Nonnen, die seit Jahrzehnten in dem Wahllokal ihre Stimme abgegeben hatten, wurden 2008 vor die Tür gesetzt, kurz nachdem die republikanisch beherrschte Legislative von Indiana neue Vorschriften zur Wähleridentifizierung erlassen hatte.

Der Grund für die Ablehnung der Nonnen? Die Verhinderung des Identitätsdiebstahls von Wählern. Dabei gab es nicht gerade eine Welle des Diebstahls von Wähleridentitäten. Tatsächlich war in dem Bundesstaat ungeachtet der Tatsache, dass zum Wählen früher kein Lichtbildausweis erforderlich war, in über hundert Jahren nicht ein einziger Fall bekannt geworden, dass jemand unter falscher Identität seine Stimme abgegeben hatte.

Etwa 400 000 Wähler (neun Prozent der Wahlberechtigten von Indiana) sind Afroamerikaner. Beinahe einer von fünf (18,1 Prozent) besitzen laut Matt Barreto von der Universität von Washington nicht die zum Wählen erforderlichen Ausweispapiere. Das ist die doppelte Zahl von Weißen ohne geeignete Ausweise.

Deshalb werden bis zu 72 000 schwarze Wähler aus dem Wahllokal fliegen, wenn sie im November zur Wahl gehen. Zufällig entspricht das dem dreifachen Gewinnvorsprung von Barack Obama bei den Präsidentschaftswahlen von 2008. Zufällig.

Rauswerfen: Es gibt mehrere Wege, um Nonnen oder andere Wähler mit schwarzem Äußeren aus einem Wahllokal zu werfen. Der beste: Verlangen Sie einen staatlich anerkannten Lichtbildausweis, obwohl Lichtbildausweise von Schulen und zum Bezug von Essensmarken gewöhnlich unzulässig sind (dafür tut es ein Waffenschein). Das soll die Straftat verhindern, dass jemand die Identität eines anderen stiehlt – ein Verbrechen, das in Staaten mit strengen Ausweisbestimmungen nie vorgekommen ist. Aber was es tatsächlich verhindert, ist ein anderes Verbrechen: WAS – Wählen als Schwarzer.

Und wer sind die Weißen, die keine geeigneten Ausweise haben? Alte Menschen wie die erwähnten Nonnen und Studenten wie Angela Hiss und Allyson Miller, deren offizielle Personalausweise vom Bundesstaat Indiana nicht ihre Adressen im Studentenwohnheim verzeichnen und daher nicht zum Wählen verwendet werden dürfen.

Afroamerikaner, alte Menschen, Studenten, arme Weiße, die an der Registrierung und am Wählen gehindert werden: Ein Bundesrichter hielt das überhaupt nicht für einen Zufall. Richter Terrence Evans erkannte ein Muster: »Die gesetzliche Vorschrift von Indiana, dass sich Wähler mittels Lichtbildausweis identifizieren müssen, ist ein kaum verschleierter Versuch, die Wahlbeteiligung bestimmter Bürger zu senken, bei denen eine Neigung zur Demokratischen Partei angenommen wird.«

Doch die Rechtsprechung des Obersten Gerichtshofs der USA ist mit Blindheit geschlagen. Das Gesetz von Indiana bietet Wählern die Möglichkeit, sich einen vorschriftsmäßigen Ausweis in einer staatlichen Behörde ausstellen zu lassen. Die durchschnittliche Entfernung solcher Stellen vom Wähler beträgt knapp 30 Kilometer. Leute, die einen Ausweis brauchen, haben kein Auto, sonst könnten sie ja mit ihrem Führerschein wählen. Und die 98-jährige Nonne ist mit ihrem Rollator verdammt langsam.

Ein Wähleranwalt in Indiana erzählte mir, dass die durchschnittliche Busfahrt hin und zurück mit zweimal Umsteigen einen ganzen Arbeitstag in Anspruch nehme. Er und sein Team haben es getestet. Doch der Richter am Obersten Gerichtshof Antonin Scalia entschied, das Gesetz sei fair und böte allen Wählern »gleichen Schutz«, weil »30 Kilometer 30 Kilometer für die Reichen wie für die Armen sind«.

Unser Rechercheteam beschloss, diese Annahme zu überprüfen. Der verstorbene Richter Scalia fuhr einen schwarzen BMW. Im Ernst. Was er sagen wollte, ist, dass die Bewältigung der Strecke dieselbe Zeit in Anspruch nimmt, ganz gleich, ob ein armer oder ein reicher Mensch den BMW fährt. Und ob der BMW schwarz oder weiß ist, spielt dabei auch keine Rolle.

Mit dem Segen des Obersten Gerichts erobern die Gesetze

zur Wähleridentifizierung das ganze Land im Sturm – oder im Sturmangriff.

Anscheinend kam Karl Rove die Idee, als er seine Pampers kaufen ging. Der republikanischen Rechtsanwaltsvereinigung erzählte er: »Ich gehe in den Supermarkt und will einen Scheck einlösen, um für meine Einkäufe zu zahlen, und da brauche ich irgendeinen Identitätsnachweis. [Warum also nicht, wenn] es um das Heiligste in unserer Demokratie geht?«

(Tatsächlich, Karl, müssen Sie nicht Ihren Ausweis zeigen, wenn Sie das Abendmahl oder die Matze schlucken. Und wenn Sie mit »dem Heiligsten« in unserer Demokratie Spendengelder an American Crossroads meinen, da müssen Sie Ihren Ausweis auch nicht mehr zeigen. Wenn Sie aber glauben, dass der Akt des *Wählens* heilig sei, dann sollte er nicht davon abhängig sein, eine Führerscheinprüfung abzulegen, oder?)

Santiago Juarez erkennt etwas Wahres an Roves Bemerkungen. Ich traf mich mit Santiago in Espanola, New Mexico, wo er eine Registrierungsaktion unter Low-Riders leitete, junge mexikanische Amerikaner, die in schaukelnden, neonbeleuchteten Chevys durch die Straßen kreuzen. Er sagt: »Und wer wird diesen Jungs eine Kreditkarte geben?« Natürlich kann man immer einen Ausweis von einer staatlichen Stelle bekommen ... wenn man schon einen Ausweis hat.

Wahlrechtsanwalt John Boyd, der für beide Parteien arbeitet, ist alarmiert von den »Tausenden und Abertausenden« armer Menschen in jedem Bundesstaat, die ihre Stimme aufgrund der neuen Ausweisgesetze verlieren werden. »Ich habe keinen Zweifel, dass dies die Wahl entscheiden wird«, sagte er mir. »Die Leute verstehen nicht, wie ungeheuerlich das ist.«

Die Leute nicht. Karl Rove schon.

Und auch das Brennan Center. Das Brennan Center for Justice der Jurafakultät der Universität von New York ist Heimat der angesehensten Wahlrechtsexperten Amerikas, die aufgrund ihrer Expertise weithin ignoriert werden. Nach Auffassung des Center sind die Ausweisgesetze rassistisch, alters- und klassendiskriminierend und die dümmste Methode zur Verhinderung von »Betrug«.

Das Brennan Center schlüsselt die Bevölkerungsgruppen ohne Lichtbildausweis wie folgt auf:

- 6,0 Millionen Senioren
- 5,5 Millionen Afroamerikaner
- 8,1 Millionen Latinos
- 4,5 Millionen 18- bis 24-Jährige sowie
- 15 Prozent der Wähler mit einem Haushalts-
  einkommen von weniger als 35 000 Dollar im Jahr.

Diese Zahlen darf man allerdings nicht addieren, weil es viele Doppelungen gibt. »Arm«, »schwarz« und »jung« tauchen oft in einer festen Verbindung auf wie die Kombi-nation »schwarz/braun« und »Personenkontrolle«.

Aber kommen wir aufs Wesentliche: Die drakonischen Ausweisgesetze und andere in den letzten Jahren in den USA verabschiedeten Wahl- und Registrierungsbeschrän-kungen werden laut Brennan Center dazu führen, dass fünf Millionen Wähler ihre Bürgerrechte einbüßen werden.

In der überwältigenden Mehrzahl wurden diese Veränderungen in den zwölf meistumkämpften Bundesstaaten ein-geführt, wobei die radikalsten Ausschlussgesetze in Florida und Wisconsin verabschiedet wurden. Der Käsestaat verlangt zum Wählen staatlich ausgestellte Ausweise. Aber die vom Bundesstaat ausgestellten Ausweise für Studenten der Universität von Wisconsin werden nicht anerkannt. Das ist schon okay, wie ein Gesetzgeber des Bundesstaates New Hampshires, der Wisconsin nacheifern möchte, hervorhob: »Kids, wissen Sie, die wählen links.«

Mittels einer vom Brennan Center bereitgestellten Formel lässt sich berechnen, dass am Wahltag im Juni 97 850 Studierende in Wisconsin von der Wahl ausgeschlossen wurden, ihre Stimmabgabe abgelehnt oder angefochten wurde bzw. nur provisorisch erfolgte (nicht gezählt wurde). Keine US-Zeitung verzeichnete Wisconsin in jenem Monat als »Wechselstaat«. Doch er wechselte.

Insgesamt waren die Gesetzesänderungen von 2012 in Wisconsin für sich genommen ausreichend, um den Sieg des republikanischen Gouverneurs Scott Walker zu erklären und seine Abwahl abzuwehren. Walker hatte allerdings auch 31 Millionen Dollar Spenden zur Verfügung (gegenüber vier Millionen, die sein demokratischer Gegner einsammelte).

28.

Stopfurnen

Neben all diesen raffinierten neuen Tricks des Wahlrechtsentzugs bleibt die altmodische Wahlfälschung. Das gute alte
System, bündelweise Blankowahlzettel auszufüllen und sie
in die Wahlurne zu stopfen, hat eine moderne Spielart: Die
Verbreitung notorisch leicht zu hackender elektronischer
Wahl- und Zählmaschinen kann Nachzählungen unmöglich machen. Noch bedrohlicher für die Demokratie wird
diese Entwicklung durch eine Flut neuer Bestimmungen in
den einzelnen Bundesstaaten, die es erschweren, nachträg-
liche Auszählungen per Hand zu verlangen.

Bei der Präsidentschaftswahl 2004 war das ländliche
Warren County der letzte Wahlbezirk von Ohio, der seine
ausgezählten Stimmen meldete. Sofort nach Beendigung
der Wahl gab der republikanische Wahlfunktionär von Warren County eine Terrorwarnung aus, schloss das Wahllokal,
forderte alle Medienbeobachter auf, sich zu entfernen, und
karrte die Wahlurnen zu einem abgeschiedenen Lagerhaus
eines republikanischen Parteifunktionärs, wo die Stimmen
gezählt und abermals gezählt wurden, bis ein Ergebnis vor-
lag, bei dem Bush verdächtige 14 000 Stimmen mehr erzielte
als im Jahr 2000. Das FBI gab später bekannt, dass die Terrorwarnung eine Erfindung der Republikaner war. Sie hatten, wie eine Recherche des *Cincinnati Enquirer* ergab, den
erlogenen Notfall neun Tage vor der Wahl geplant.

In Baldwin County, Alabama, bedienten sich die Republikaner ähnlicher Methoden, um 2002 die Wiederwahl von

Gouverneur Don Siegelman zu vereiteln. Siegelman wurde landesweit bekannt, als er aufgrund einer lächerlichen, von einer Gruppe betrügerischer republikanischer Anwälte, Funktionäre und Richter im Einvernehmen mit Karl Rove fabrizierten Korruptionsanklage zu einer Haftstrafe verurteilt wurde. (Ein Bundesrichter, der den Fall zuerst prüfte und abwies, drängte auf ein Ermittlungsverfahren wegen Falschanklage gegen das Justizministerium; das Oberste Gericht hob die Abweisung auf.) Kongressanhörungen über den Siegelman-Fall gerieten ins Stocken, weil sich Karl Rove weigerte, auszusagen, und das Weiße Haus unter Bush behauptete, entscheidende Dokumente verloren zu haben. Der falsche Bestechungsvorwurf machte landesweit Schlagzeilen, nicht aber die Geschichte vom Diebstahl von Siegelmans Wahl 2002:

Die republikanische Hochburg Baldwin County an der »Redneck Riviera« war einer der letzten Wahlkreise von Alabama, der in dem heiß umkämpften Wahlkampf zwischen Siegelman und seinem republikanischen Herausforderer Bob Riley das Ergebnis berichtete. Um 23 Uhr an jenem Abend machten sich republikanische Parteifunktionäre im Keller des Gerichtsgebäudes von Bay Minette an der zentralen elektronischen Auszählmaschine zu schaffen, die sämtliche im Bezirk eingesammelten Stimmzettel auswerten sollte, aber, wie sie behaupteten, einen Defekt habe. Die republikanischen Funktionäre teilten den Demokraten und den Pressevertretern vor dem Zählmaschinenraum mit, dass es eine »Panne« gegeben habe, weigerten sich aber, Einzelheiten zu nennen. Nachdem praktisch alle ande-

Gefälschte Wahlzettel:
Wahlbeamte befüllen Wahlurnen mit Stimmzetteln, die sie selbst ausgefüllt haben.

ren Bezirke ihre Ergebnisse gemeldet hatten, verteilten republikanische Funktionäre eine Pressemitteilung mit einer Zusammenfassung des Wahlergebnisses von Baldwin County an die Vorstände beider Parteien, Associated Press und die Reporter der lokalen Medien. Nach der offiziellen Zählung hatte Siegelman danach 19 070, Riley 31 052 Stimmen erhalten. Die Ergebnisse – die im Einklang mit Voraussagen über diesen republikanisch beherrschten Golfküstenbezirk standen – bedeuteten, dass Siegelman die Gesamtwahl im Bundesstaat gewonnen hatte und den Gouverneurssitz behalten würde.

Die republikanischen Parteifunktionäre verschlossen dann das Gerichtsgebäude zur Nacht und schickten Wahlbeobachter, den Vorsitzenden der Demokratischen Partei und die Medienleute nach Hause. Gouverneur Siegelman hielt eine Pressekonferenz ab, auf der er seinen Sieg verkündete und Riley aufforderte, seine Niederlage einzugestehen.

Später in jener Nacht jedoch stellten republikanische Funktionäre einen anderen Ergebnisbericht auf die Website des Nachlassgerichts, der Siegelmans Stimmen auf 12 736 verringerte, eine Reduktion um 6334 Stimmen. Die revidierte Zählung verschaffte Riley einen Vorsprung von 3120 von 1,3 Millionen abgegebenen Stimmen, ein Sieg um Haaresbreite von 0,23 Prozentpunkten. Aufschlussreicherweise hatten sich durch die neue Zählung weder die Stimmen des Vizegouverneurs noch die Stimmen anderer Kandidaten um eine Einzige verändert.

Siegelman lief daraufhin gegen die gleiche Wand wie Al Gore zwei Jahre zuvor: ein von den Republikanern manipuliertes System, das Nachzählungen per Hand verhinderte. Um acht Uhr am nächsten Morgen versammelten sich Siegelman und seine Anhänger, Anwälte und eine Gruppe von

Reportern vor dem Gerichtsgebäude und verlangten eine Erklärung für die plötzliche Veränderung von Siegelmans Ergebnis. Aber der Wahlprüfungsausschuss hatte die Türen des Gerichtsgebäudes von innen verriegelt und verweigerte Siegelmans Team den Zutritt. Dem Ausschuss gehörte ein Richter, ein Vertreter des Sheriffbüros und der Gerichtssekretär an – allesamt Republikaner. Schließlich, um 10:15 Uhr, trat der Ausschuss an die Öffentlichkeit und gab seine Absicht bekannt, das Wahlergebnis sofort zu bestätigen, obwohl er gemäß den Bestimmungen damit bis Freitagmittag hätte warten müssen. Siegelman und sein Team forderten ihn auf, mit der Erklärung so lange zu warten, doch der Ausschuss beharrte darauf, das Ergebnis sei korrekt, und bestätigte um 10:30 Uhr widerrechtlich die veränderten Wahlergebnisse. Eine halbe Stunde später hielt Riley in Montgomery seine Siegesrede.

In Reaktion darauf reichte die Demokratische Partei Petitionen ein, um die Stimmen in allen 67 Wahlbezirken Alabamas neu auszählen zu lassen. Eine Petition verlangte die manuelle Nachzählung aller Papierwahlzettel von Baldwin County.

Abschnitt 307-X-1.21 des Verwaltungsgesetzes von Alabama verlangt, dass bei einer solchen Forderung »die Urne oder sonstige Behälter, der die Stimmzettel enthält, ungeöffnet dem für die Nachzählung verantwortlichen Beamten übergeben werden soll« und dass eine »Nachzählung unter Aufsicht eines ausgebildeten und zertifizierten Wahlbeamten und/oder Nachlassrichters des Bezirks durchgeführt werden muss«. Angesichts dieser eindeutigen Sprache stimmten die örtlichen Vertreter der Republikanischen Partei, darunter der Sheriff, das Bezirksgericht und die Nachlassrichter alle zu, Siegelman eine Handauszählung in einem der Bezirke zu gewähren, in dem sich eine große Zahl von Stimmen verschoben hatte. An dieser Stelle schaltete sich der republikanische Generalstaatsanwalt Bill Pryor ein.

Pryor drohte, jeden ins Gefängnis zu bringen, der versuchte, die Stimmzettel neu zu zählen, und führte eine obskure Bestimmung in der Verfassung von Alabama ins Feld, die es verbot, eine versiegelte Wahlurne ohne Gerichtsbeschluss zu öffnen. Siegelman klagte vor Gericht auf Öffnung der Siegel, aber da wusste er bereits, dass der Fall aussichtslos war.

Es war Karl Roves Gericht. Der Wirtschaftsrat von Alabama hatte Rove 1994 aus Texas geholt, um die Übernahme der staatlichen Wahlbehörden durch die Republikanische Partei zu steuern, insbesondere der Gerichte, die in der Wirtschaft als unzuverlässig galten. Rove brachte seine ruppigen Methoden in die Wahlkämpfe um die Stellen in Alabamas Appellationsgericht ein, sodass Bewerber um Justizposten einander bald der Bestechung, Begünstigung und moralischen Verkommenheit beschuldigten. Es funktionierte. Beim Obersten Gericht, einst fest in der Hand der Demokraten, saß bald eine republikanische Mehrheit und nur noch ein einsamer Demokrat.

»Mir blieb also nur noch, Klage einzureichen«, sagte uns Siegelman, »wohlwissend, dass Karl Rove zu dieser Zeit bereits acht der neun Mitglieder des Obersten Gerichts von Alabama ausgetauscht hatte, wir sahen uns also einer Mehrheit von acht zu eins gegenüber. Ich wusste ja, was Al Gore durchgemacht hatte, und hatte einfach das Gefühl, dass die Anfechtung der Auszählung nichts bringen würde. Wir würden niemals die Neuauszählung bekommen, die wir brauchten. Ich gab daher bekannt, dass wir einfach auf einen neuen Kampf warten würden, und wir kehrten dem Disput den

Rücken.« Siegelman warf am 18. November das Handtuch, am 21. Januar 2003 wurde Riley im Kapitol in Montgomery zum Gouverneur vereidigt. (Präsident Bush belohnte Pryor für seine Leistungen mit der Ernennung zum Bundesrichter.)

»An der ganzen Sache kleben Karl Roves Fingerabdrücke«, sagte uns Siegelman. Die Republikanische Partei von Alabama, offenbar stolz auf ihre Schlauheit statt beschämt über die Korruption, dankte ihrer Beraterin Kitty McCullough (auch unter dem Namen Kelly Kimbrough bekannt) für die elektronische Stimmenverlagerung und applaudierte ihr dafür, »die Stimmen gefunden zu haben, die Riley die Wahl sicherten«. McCullough war Roves Geschäftspartnerin in seiner politischen Beratungs- und Direktmarketingfirma K. Rove & Company.

McCullough teilte sich den Dank mit einem weiteren zentralen Funktionär Roves in Alabama, Dan Gans. Gans, der sich selbst als »Sicherheitsexperte für elektronisches Wählen« bezeichnet, hatte während Rileys Amtszeit als US-Abgeordneter für den 3. Distrikt von Alabama als dessen Stabschef gedient, bevor er für Rileys Gouverneurswahlkampf tätig wurde. Nicht lange nach der Wahl nahm er eine Stelle bei der Alexander Strategy Group (ASG) an, der Washingtoner Lobby- und Beratungsfirma von Roves Freund Jack Abramoff. ASG löste sich 2006 auf, als die Firma in einen Skandal geriet, der Abramoff ins Gefängnis brachte. Gans brüstete sich in seiner ASG-Biografie, ein »neues Wahlsicherheitssystem« eingeführt zu haben, »das entscheidend dabei half, den hauchdünnen Sieg des gewählten Gouverneurs Riley zu sichern (3120 Stimmen)«.

29.

Zwangsvollstreckt

Bei der BBC ging ein Anruf aus Detroit für mich ein, der mich überraschte, schließlich hatte ich gedacht, dass Detroit schon vor Jahren gestorben war. Ich erfuhr, dass die Banken Zehntausende von Immobilien der Stadt zwangsvollstreckten und Familien zuhauf aus ihren Häusern vertrieben. Und wann immer der Auktionshammer des Richters niederfuhr und eine Zwangsvollstreckung besiegelte, geschah etwas Seltsames: Der Name der Bewohner wurde aus dem Wählerregister gestrichen.

Offenbar hatte die Republikanische Partei das Wahlrecht dieser Bürger angefochten, weil sie nicht mehr in ihrem alten Heim leben durften und ihre Adressen somit nicht länger gültig waren. Verlierst du dein Heim, verlierst du deine Stimme. Das galt selbst dann, wenn sie im Bundesstaat oder sogar in ihrem alten Haus wohnen blieben.

Was mir Rätsel aufgab, war, wie die Republikaner an die Listen der Zwangsvollstreckungen herankamen. Es war der Sommer 2008, die Weltwirtschaft und General Motors waren von einer Klippe gestürzt, und zwangsvollstreckte Wähler, selbst diejenigen, die nur innerhalb des Bundesstaates umgezogen waren, würden keine Zeit haben, sich gegen die Anfechtung ihrer Wahlberechtigung zu wehren – oder, wenn sie per Briefwahl abstimmten, auch nur davon erfahren, dass ihre Namen aus dem Register gelöscht worden waren.

Die BBC bat mich, nach Detroit zu fliegen und einige

Familien zu suchen, denen die Zwangsvollstreckung bevorstand (eine nur allzu leichte Aufgabe).

Ich begann im »8 Mile«-Viertel von Detroit. In dem Film *8 Mile* hatte der Rapper Eminem die Gegend als ausweglosen Ort der unteren Arbeiterklasse porträtiert, das verfallene Monument von Amerikas neuer Ära der abwärtsgerichteten Mobilität.

Aber nun ist es viel schlimmer. Als ich das Haus von Robert Pratt fand, war die Straße bereits von den Banken zerbombt. Vier oder fünf Häuser waren bereits zwangsvollstreckt und ausgeräumt, ihre Fenster eingeschlagen, hüfthohes Unkraut wucherte davor, die Türen hingen aus den Angeln, was die Straße so aussehen ließ, als hätte ihr jemand aufs Maul gehauen und die Hälfte ihrer Zähne ausgeschlagen.

Das bedeutete, dass der Rest der Häuser ebenfalls verschwinden würde. Sie waren jetzt, in dieser ökonomischen Todeszone, nahezu wertlos. Pratts Haus, erzählte er mir, würde vielleicht noch 30 000 Dollar bringen. Vielleicht. Er schuldete der Bank 110 000 Dollar darauf.

Es war wirklich ein hübsches Haus, ein kleiner, schmucker Bungalow, wo seine verbliebenen Kinder spielten, allerdings nicht draußen. (Pratts Zwölfjähriger war durch eine verirrte Kugel umgekommen, als er hinter dem Haus spielte.)

Pratt, Mitglied der Gewerkschaft United Auto Workers, arbeitete sieben Tage die Woche, aber sein Gehalt sank und seine Frau verlor ihre Stelle bei der Stadtverwaltung, als Detroit auf den Bankrott zusteuerte.

In der Zwischenzeit verdoppelte sich seine monatliche Zahlung auf das Haus gemäß einer wahrhaften Wucherzinsformel, ausgeklügelt von der Hypothekenabteilung der

Countrywide Financial Corporation, die mittlerweile von der Bank of America geschluckt worden war. Angesichts von zwei gewerkschaftlich abgesicherten Jobs in der Familie hätten die Pratts nicht die brutal teuren Konditionen für Schuldner niedriger Bonität bekommen müssen, aber die Bank drückte diese laut Unterlagen beinahe jeder schwarzen Familie auf. Und nun konnten die Pratts nicht mehr die steigenden Zinsen zahlen, durch die sich ihre monatlichen Lebenshaltungskosten verdoppelten, daher teilte ihnen die Anwaltskanzlei der Bank, Trott & Trott, mit, dass sie ihr Haus verlassen müssten.

Das Haus war praktisch wertlos, niemand würde es kaufen, selbst wenn die Pratts auszögen, um in ihrem Auto zu schlafen. Worin also lag der Sinn, die Familie vor die Tür zu setzen? Der Sinn war, dass Trott & Trott eine »Hypothekenmühle« war, die am laufenden Band Zwangsvollstreckungen und Zwangsräumungen abwickelte und jedes Mal ein Honorar einstrich. Sie hatte Hunderte solcher Verfahren gleichzeitig laufen.

Ich wollte die Firma selbst überprüfen und machte mich zu ihrer riesigen Zentrale auf der anderen Seite der Stadt auf. Es war ein glatter, neuer, mehrstöckiger Gebäudekomplex: Das Geschäft boomte. Mit meinem Kameramann Rick Rowley dachte ich mir etwas aus, um einen der Trotts selbst zu überraschen und nach den Zwangsvollstreckungen zu fragen – und nach den Wählersäuberungen.

Wir taten so, als filmten wir einige Manager, folgten ihnen durch die Sicherheitstüren in die Hauptlobby und hoch zu Mr. Trotts Büro. Hatten die Trott-Brüder die Immobilienbesitzer auf ihren Zwangsvollstreckungslisten an die Republikanische Partei weitergegeben?

Ihre Antwort war ein Anruf beim Sicherheitsdienst. Im

Erdgeschoss, wo unser Rauswurf kurz ins Stocken geriet, sahen wir zu unserer Linken, was wie eine andere Abteilung der Zwangsvollstreckungsfabrik von Trott & Trott aussah. Bis auf ein kleines Schild, auf dem stand: »Hauptquartier der Republikanischen Partei«.

Rätsel gelöst. Das war eine schnelle Recherche. Trotzdem kehrten wir noch einmal zurück, um die Republikaner direkt zu fragen, ob sie im Wahlkampf Zwangsvollstreckungslisten von Trott & Trott benutzten, um den betroffenen Bürgern das Wahlrecht zu nehmen.

Die Antwort war zu erwarten. »Man möchte doch nicht, dass illegale Wähler ihre Stimme abgeben, oder?«, fragte ein Funktionär. Nein, das möchte man nicht. Anscheinend war Armut in Michigan zu einem Verbrechen geworden.

Heute ist Trott & Trott die Rechtsberatung der Republikanischen Partei. Die Kanzlei warf eine Wahlkampfspende von 100 000 Dollar ins Töpfchen von Restore Our Future. Mitt Romney sagte einmal: »Wir Republikaner sind eine Partei, die den Erfolg feiert.« Wenn die Kanzlei Trott & Trott eine Familie von Wählern aus ihrem Haus wirft, findet da die Feier ihres Erfolgs oben in den Kanzleibüros oder im Hauptquartier der Republikaner im Erdgeschoss statt?

In ganz Amerika gehen Zwangsvollstreckungen und Verlust des Wahlrechts Hand in Hand – sie passen zusammen wie die Faust aufs Auge. Werfen Sie einen Blick auf folgenden Vergleich von Wahlbezirken in Cleveland, Ohio, mit einem hohen Stimmenverlust durch »ungültige« Stimmzettel und der Häufigkeit von Zwangsvollstreckungen. Es ist nicht nur so, dass der Verlust des Heims auch den Verlust der Wählerstimme bedeutet. Diese Viertel sind finanziell und politisch geschwächt. Beides geht Hand in Hand.

Und es fällt ins Gewicht. Sie sehen hier ein Streudia-

gramm von ungültigen und abgelehnten Stimmen, denen
George Bush 2004 den Sieg verdankte. Vergleichen Sie es
mit dem Diagramm der Zwangsvollstreckungen. Gott bless
America.

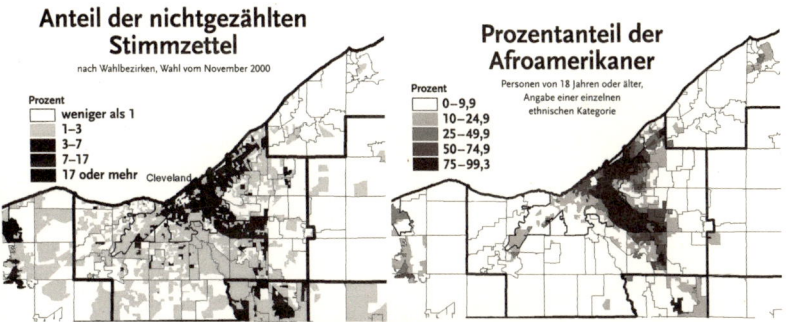

Anteil der nichtgezählten Stimmzettel

nach Wahlbezirken, Wahl vom November 2000

Prozent
- weniger als 1
- 1–3
- 3–7
- 7–17
- 17 oder mehr

Cleveland

Prozentanteil der Afroamerikaner

Personen von 18 Jahren oder älter, Angabe einer einzelnen ethnischen Kategorie

Prozent
- 0–9,9
- 10–24,9
- 25–49,9
- 50–74,9
- 75–99,3

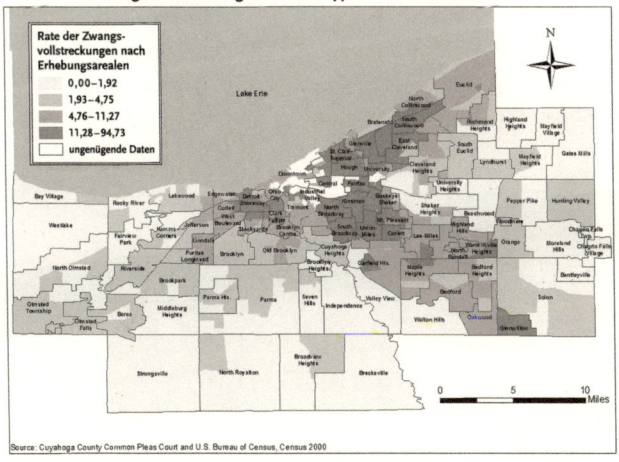

Zwangsvollstreckungen auf 100 hypothekenbelastete Einheiten

Rate der Zwangs-
vollstreckungen nach
Erhebungsarealen
- 0,00–1,92
- 1,93–4,75
- 4,76–11,27
- 11,28–94,73
- ungenügende Daten

Source: Cuyahoga County Common Pleas Court and U.S. Bureau of Census, Census 2000

30.

Den Milliardären
wieder eine
Zukunft geben

Meine Geschichte über die Pratt-Familie und die Belege für die Säuberung der Verarmten aus den Wählerregistern lief in Europa im Fernsehen. Aber ich war mit der Geschichte über Detroit, den verlorenen Häusern und Stimmen noch nicht fertig. Etwas störte mich. So viele leere Häuser mit diesem Rauschen von fließendem Wasser, weil die Rohre herausgerissen wurden, bevor die Stadt das Wasser abstellen konnte. Warum so viele?

Der republikanische Glücksfall, die »Zwangsvollstreckung« von Wählerregistrierungen, das ist schlicht das Endspiel, um sicherzustellen, dass die Opfer des Betrugs nicht die politische Macht erlangen, Rache zu nehmen.

Aber Rache wofür?

Der Arbeiterklasse von Detroit gehen Milliarden von Dollar an Löhnen und Renten verloren. Und eines, was ich über eine Milliarde Dollar weiß, ist: Wenn einer sie verloren hat, dann hat sie ein anderer gefunden. Das Einzige, was mir einfiel, war: *Jemand will, dass diese Häuser kaputtgehen.* Jemand will Detroit in die Knie zwingen, will, dass Robert Pratt nachts wachliegt in der verzweifelten Hoffnung, dass er seinen Bungalow in der Kriegszone von 8 Mile behalten kann. Wer wäre so krank, so verschlagen, so grausam und so brillant, um sich zu wünschen, dass der Immobilienmarkt von Michigan stirbt – der gesamte US-Immobilienmarkt?

Hier ist dieser Jemand: Im August 2007, ein Jahr, bevor ich Robert Pratt in seinem Haus besuchte, ging John Paulson mit einer Milliardenidee zur Investmentbank Goldman Sachs. Paulsons Präsentation hatte alles, was es brauchte, um Goldman zu verzaubern: ein bisschen Betrug, ein bisschen Schwindel, und viel, ganz viel von der besten aller Drogen: ALG – Anderer Leute Geld.

Paulsons Plan war einfach. Paulson, ein Ass unter den Hedgefonds-Managern, dem viele folgten, würde bekannt geben, dass er auf eine große Erholung des US-Häusermarktes wette. Er war bereit, persönlich dafür zu sorgen, dass Milliarden wackeliger Hypothekenkredite wie jener, den man den Pratts aufs Auge gedrückt hatte, niemals ausfallen würden.

Jetzt war alles, was Goldman zu tun hatte, einige Trottel zu finden, die mehr Geld als Verstand hatten, einige große europäische Banken, die öffentliche Rentenfonds verwalteten, um sie zu bewegen, sich mit mehreren Milliarden Dollar Paulson anzuschließen, um diese windigen Hypothekenkredite zu versichern. Um seine Opfer zu verführen, Milliardensummen zu platzieren, tat Paulson so, als würde er selbst 200 Millionen in das Geschäft stecken.

Aber tatsächlich wettete Paulson gerade *gegen* diese Hypothekenkredite. Paulson selbst war der geheime Nutznießer der »Versicherung« auf die Hypothekenkredite. Als der Immobilienmarkt zusammenbrach, kassierte er bei den düpierten Banken ab, und das erfuhren sie nicht einmal. Und Goldman bekam ein Honorar von 15 Millionen Dollar oder mehr, dafür, dass die Bank die Schafe zum Scheren getrieben hatte.

Goldman stellte Paulson dafür einen 29-jährigen französischen Anfänger zur Seite, um den europäischen Käufern mit Präsentationen und einer schicken, 28-seitigen Broschüre zum Blättern den Mund wässrig zu machen über die wunderbaren, sicheren Bündel von Eigenheimhypotheken, die die »Kunden« erwerben würden.

Der sorgfältig ausgewählte Sack voller notleidender Hypothekenkredite wurde in Bündel im Gesamtwert von mehreren Milliarden Dollar verschnürt. Um diesem Haufen Mist eine goldene Farbe zu geben, brachten Paulson und Goldman die hoch angesehene Risikomanagement-Firma ACA Capital ins Spiel. Paulson traf sich persönlich mit ACA-Managern und flunkerte ihnen vor, dass er selbst in die Versicherung investiere (statt gegen sie zu wetten).

Der junge Nichtsnutz, den Goldman für die Sache einspannte, textete einem Freund (auf Französisch – *mais oui!*) von den undurchsichtigen »monstruosités«, während er in dem Meeting mit Paulson und ACA saß, gerade als Paulson ihnen seinen Bullshit auftischte.

Im Geheimen gestaltete Paulson persönlich die Hypothekenbündel so, dass sie stark mit Verlierern gespickt waren, wobei er sich auf Hypothekenkredite mit beweglichen Zinsen konzentrierte wie der von Pratt, die an Leute mit niedriger Bonität vergeben worden waren, während er hochwertige Kredite der Westküstenbank Wells Fargo aussortierte. Die Firma ACA, die dachte, Paulson würde ihr helfen, sich die guten Sachen herauszupicken, drückte den Hypothekenbündeln ihr wertvolles Gütesiegel auf, wenn sie auch ziemlich nervös wegen ihres »Rufs« war. (Aber so ist das eben, wenn man mit den bösen Jungs um den Block zieht.)

Die Hypotheken in jedem Bündel waren triefender Dreck – aber mit dem ACA/Goldman-Stempel darauf, und so gaben Moody's und Standard & Poor's den Versicherungspolicen eine AAA-Bewertung. Europäische Banken, die staatliche Pensionsfonds verwalteten, kauften den mit AAA bewerteten Schrott auf.

Um den 7. August 2008, in der Woche, in der ich Pratt traf, führte seine Zwangsvollstreckung und über eine Millionen weiterer dazu, dass Goldmans hypothekenbesicherte Anleihen 99 Prozent ihres Werts verloren. Die Royal Bank of Scotland stand im Regen und stellte Goldman Sachs einen Scheck über knapp eine Milliarde Dollar aus (840 909 090). Goldman tat das Ehrenhafte ... und übergab das Geld Paulson (nach Abzug der eigenen Courtage).

Machen Sie sich keine Sorgen um die Royal Bank of Scotland. Der britische Steuerzahler und die Bank von England deckten die Verluste und übernahmen den ganzen verdammten Laden.

Und hier das Brillante daran: Als herauskam, dass die hypothekenbesicherten Anleihen von Goldman und anderen schlicht dampfende Misthaufen waren, stürzte ihr Wert noch weiter, und nun brach der bereits angeschlagene Hypothekenmarkt vollends zusammen – und überall auf der Welt beschleunigten sich die Ausfälle von Hypothekenkrediten. Das Ergebnis war, dass Paulsons Profite in den Himmel schossen, während der Markt abstürzte: Sein Hedgefonds sackte 3,5 Milliarden Dollar ein, Paulson steckte über eine Milliarde davon in die eigene Tasche.

Als Paulson einige der führenden europäischen Banken um Milliarden schröpfte, gab es ein kleines diplomatisches und juristisches Gezänk. Die amerikanische Börsenaufsicht ermittelte und bestätigte im Detail Paulsons Schwindel ... und verklagte den Jungen von Goldman Sachs, der als Paulsons Assistent fungiert hatte, derjenige, der dem komplexen Geschäft nicht einmal folgen konnte. Goldman zahlte eine Strafe, räumte aber kein Fehlverhalten ein.

Und Paulson erhielt ... eine Steuervergünstigung.

Pratt und mehrere Millionen anderer verloren ihr Heim, darunter ein saudischer Prinz, der in der Rezession sein Haus im Skiort Vail in Colorado an Paulson verkaufen musste, für nur 45 Millionen Dollar.

■ ■ ■

Aber Detroit hätte nicht sterben können, wenn seine Autoindustrie nicht im Koma gelegen hätte.

2008 und 2009 öffneten erst Präsident Bush und dann Präsident Obama die Scheckbücher des US-Finanzministeriums, um mit 80 Milliarden Dollar Cash und Krediten für General Motors und Chrysler die große amerikanische Industrie zu retten.

Aber an der Rettungsambulanz drohten die Räder abzufallen.

Zwei Männer hatten still und leise die ehemalige Autoteile-Sparte von General Motors gekauft, die Delphi Corporation, für 16 Cent pro Aktie. 2009, als das Rettungspaket geschnürt war, einschließlich eines Plans zur Rettung Delphis und seiner 25 000 gewerkschaftlich organisierten Arbeiter, riefen die beiden Hedgefonds-Spekulanten »Hab dich!« Wenn man ihnen kein Lösegeld zahlte – etwa zwölf Milliarden Dollar –, würden sie die Fabriken für wichtige Autoteile schließen und in der amerikanischen Autoproduktion jedes Fließband zu einem tödlichen Stillstand bringen.

Da hatten sie Obama, General Motors und Chrysler bei den ... Kugellagern gepackt.

Die beiden Spekulanten, Singer der Aasgeier und John Paulson, bekamen jeden Heller, den sie verlangten. General Motors willigte ein, die Schulden von Delphi in Höhe von 1,1 Milliarden Dollar zu begleichen; erließ 2,15 Milliarden

Dollar, die Delphi noch General Motors schuldete; pumpte 1,75 Milliarden Dollar in den laufenden Betrieb des Unternehmens; außerdem übernahm General Motors vier defizitäre Teilefabriken. Alles Geld stammte letztlich aus Rettungsfonds des amerikanischen Steuerzahlers.

Dann kam noch der dickste Batzen: Das US-Finanzministerium zahlte 6,2 Milliarden Dollar Pensionsgelder, die Delphi den Arbeitnehmern schuldete.

Paulson machte 1,5 Milliarden, Singer 900 Millionen, das 32-Fache ihrer Investition, als die Aktie aufgrund der staatlichen Geldspritzen von 16 Cent auf 22 Dollar hochschnellte.

Das Aasgeierduo griff sich das Geld – und machte sich aus dem Staub. Nur vier von 45 Delphi-Teile-Fabriken blieben in den USA. Die meisten anderen schlossen die Tore, einige wurden nach China verlagert. Jeder Einzelne der 21 000 Arbeiter von United Auto Workers verlor seinen oder ihren Job. Das Geld für die Firmenrenten sämtlicher Arbeitnehmer von Delphi in Detroit wurde kassiert, ihre Ansprüche gestrichen.

Und Robert Pratt verlor sein Heim und seine Wählerstimme.

Singer teilte etwas von seinem Riesengewinn mit den Mitinverstoren von Elliott Management, dem Fonds nur für Geladene, den der Aasgeier benutzt hatte, um sich Delphi einzuverleiben.

Gouverneur Mitt Romney war radikal dagegen, der Wall Street diesen »Freibrief« auszustellen, und forderte mit kantigem Kinn, das US-Finanzministerium dürfe Detroit und der Autoindustrie nicht mit einem milliardenschweren Rettungspaket zu Hilfe eilen: »Lassen wir Detroit bankrottgehen«, schrieb der Gouverneur in der *New York Times*.

Romneys Position beruhte auf Prinzipien – und war

erstaunlich angesichts des Umstands, dass die Romney-Familie ein Vermögen in Detroit gemacht hatte, als Romneys Vater Präsident von American Motors war (heute ein Teil von Chrysler). Romney schrieb: »Detroit braucht eine Wende, keinen Scheck.«

Dann sah ich mir die Steuererklärung des Autosprösslings an. Anscheinend hatte Romney seine Anteile an Chrysler abgestoßen. Wenn Chrysler pleite ging, tja, dann hatte nicht seine, sondern die Pratt-Familie ein Problem. Romneys Trust hatte ein paar Millionen in Elliott Management investiert und einen Anteil der 3200 Prozent Gewinn aus der Rettungsgoldgrube abgesahnt.

Romney nahm den Scheck – und löste ihn ein.

Und er bekam ein weiteres Geschenk in Form eines Steuernachlasses, so wie Singer und Paulson. Es nennt sich »übertragener Zins«. Der erlaubt es dem Trio, auf ihre 2,4 Milliarden Dollar einen niedrigeren Steuersatz zu zahlen als Pratt auf sein Gehalt.

Hillary Clinton ist der Meinung, dass das Schlupfloch des »übertragenen Zinses« geschlossen werden sollte. Und Paulson und Singer sind darüber nicht glücklich. Sie stecken beide je eine Million Dollar in Restore Our Future, um in Werbespots Demokraten dafür anzugreifen, dass sie den Verlust von Arbeitsplätzen in Amerika zulassen.

Heute, im Jahr 2016, ist Milliardär Paul der Aasgeier Singer der größte Spender der Republikanischen Partei. Er hat mehrere neue politische Tarnorganisationen gegründet, die seine Geldbündel verteilen, weit über zehn Millionen Dollar im Vorfeld dieses Wahlkampfs. Er wird die amerikanischen Wähler keinen Präsidenten wählen lassen, der sich seiner nächsten Milliarde in den Weg stellt.

Schluss:
Ein mächtiger Strom

Jimmy Carter sagte einmal: »Amerika sollte einen Präsidenten haben, der so gut ist wie sein Volk.« Leider ist es das, was die Amerikaner gewöhnlich bekommen.

Alle vier Jahre votieren sie für den Alptraum ihrer Wahl. Und nun wird ihnen selbst das genommen. Die mit Geld geschmierte Wahlklaumaschinerie der Milliardäre, von Säuberungen über Aussortierungen bis hin zu Nonnen annullierenden Identitätsnachweisen, zermalmt die letzten traurigen Reste dessen, was einst die amerikanische Demokratie war.

Ist die Lösung eine Reform der Wahlkampffinanzierung? Seien Sie realistisch. Kein Politiker wird dafür stimmen, sich den eigenen Lebenssaft abzudrehen. Man kann Milliardäre nicht daran hindern, ihre Milliarden auszugeben. Der einzige Weg, dem Wahlkauf durch Milliardäre ein Ende zu setzen, ist es, *den Milliardären ein Ende zu setzen*. Vorzugsweise gewaltlos.

Der Aasgeier, Ziel 67C (Koch), Pat Robertson … sie alle haben sich ihr Schmiergeld in irgendeinem Schwindel im Finanz-, Erdöl- oder Ressourcengeschäft ergaunert. Wir sprechen hier nicht von der Erfindung des iPads oder davon, dass Talkmasterin Oprah Winfrey eine Milliarde Dollar damit verdient hat, ihren amerikanischen Zuschauern dabei zu helfen, ihre eigene Unzulänglichkeit zu akzeptieren. Wir sprechen hier über Typen, die Grausamkeit in eine Quelle des Profits verwandelt haben, die zertrümmern, sich ihre Beute greifen und politischen Einfluss nehmen: Sie bleiben den Strafverfolgern und Regulierungsbehörden immer einen Schritt voraus, indem sie – durch politische Spenden, Bestechung und Lobbymacht – Gesetzesänderungen kaufen, um ihre Grausamkeit zu legalisieren und ihren Hals aus der Schlinge zu ziehen.

Es gibt nur eine Lösung: *Nehmt ihnen ihre Milliarden weg.*

Wenn Singer der Aasgeier eine dicke Geldspritze in das Super-PAC Restore Our Future schießt, dann ist das schlicht Teil des Schutzgeldes, das er aufwenden muss, um seine Beute sicher aus dem Kongo fortzuschaffen. Als König Leopold von Belgien den Kongo vergewaltigte, ließen sich seine kolonialen Marodeure ihr Räubertum von Priestern absegnen. Die neuen Konquistadoren von heute brauchen Politiker dafür.

Was also sollen wir tun? Der Kampf um den Schutz des Wahlrechts, der Bürgerrechte, beginnt mit dem Kampf um ökonomische Rechte: für die Pratt-Familie in Detroit gegen Paulsons Zwangsvollstreckung von Eigenheimen; für die Kongolesen im Kampf gegen die Cholera und gegen den Aasgeier; und für Stanlee Ann Mattingly und die Osage-Indianer, um ihre Öldollars von der Koch-Bande zurückzubekommen.

Wenn man den Aasgeier nicht stoppt, auf legalem Weg die US-Autoindustrie zu bestehlen und Kongos Kobalt zu plündern, werden die Räuber so vollgestopft sein mit Milliarden, dass sie zu mächtig werden, um sie noch daran zu hindern, unsere Wahlen auf legalem Weg zu stehlen.

Für Martin Luther King jr. flossen Bürgerrechte und wirtschaftliche Gerechtigkeit zusammen in denselben »mächtigen Strom«.

»Es muss eine bessere Verteilung des Wohlstands geben ... für alle Kinder Gottes. Nennt es ›Demokratie‹.«

»Wir sind«, so sagt Reverend Jesse Jackson, der mich zum Schreiben dieses Buches drängte, »zu lange marschiert, haben zu hart gearbeitet und sind zu jung gestorben«, um ihnen zu erlauben, unsere Stimmen zu stehlen.

Dr. King gab uns den Marschbefehl:

»Wir müssen erkennen lernen, dass menschlicher Fortschritt niemals auf den Rädern des Unvermeidlichen heranrollt. Er ist das Ergebnis unermüdlicher Bemühungen und beharrlichen Einsatzes von Menschen, die bereit sind, Mitarbeiter Gottes zu sein. Ohne solche Anstrengungen wird die Zeit zum Verbündeten der Kräfte des sozialen Stillstandes. ... Geben wir uns nicht zufrieden, bis aus jedem Rathaus Gerechtigkeit rinnt wie Wasser und Rechtschaffenheit wie ein mächtiger Strom.«

Besonderer Dank gebührt

Ed Asner
Stanley & Betty Sheinbaum
Graham Nash
David Cosby
Jackson Browne
Neil Young
Willie Nelson
Boots Riley
Martin Sheen
Kelly Slater
Norman Lear
Chris Shiflett
Bree Walker
Bill Perkins
Roseanne Barr
Mike Pappantonio
Benno Friedman
Anne Meara & Jerry Stiller

Anmerkungen zu den Berechnungen

Dieses Buch präsentiert seinen Stoff in populärer Form und enthält einen Comic-Teil, aber lassen Sie sich dadurch nicht täuschen. *Gern geschehen, Mr. President!* ist bei alledem eine sorgfältige Untersuchung der Quellen, aus denen die Gelder zur Beeinflussung der US-Wahlen strömen, und eine strenge Analyse der enormen Verlustraten bei der Zahl der Wahlberechtigungen in den USA und der immer größeren Hindernisse, die der Wahlregistrierung in den Weg gelegt werden. Notwendigerweise gehört zur Arbeit hinter dieser Untersuchung die Zusammenfassung komplexer Daten und Statistiken.

Alle Berechnungen greifen auf Daten der US Elections Assistance Commission (USEAC) auf Grundlage der Teilnahme von 133 944 538 Wählern bei den Wahlen von 2008 zurück, wie sie von 4517 Wahlbezirken gemeldet wurden (USEAC, *2008 Election Administration and Voting Survey*). Die Kalkulationen sind um die von der USEAC eingeschlossenen Wähler der US-Territorien (Puerto Rico, Amerikanisch Samoa, Virgin Islands) und unvollständige Erhebungen aus einzelnen Bezirken bereinigt. Die Raten der Briefwähler sind mit der getrennten Zählung der EAC nach dem Uniformed and Overseas Citizens Absentee Voting Act (UOCAVA) kombiniert.

Die Zahlen der ungültigen Stimmen durch Ankreuzen zu weniger oder zu vieler Optionen entstammen folgenden

Quellen: Election Data Services Inc., *Final Report of the 2004 Election Day Survey*, Teil 2, Survey Results, Overvotes and Undervotes (für USEAC), angewendet auf die Daten von 2008. Die Löschungen und Ablehnungen von Registrierungen sind den Tabellen des Election Administration and Voting Survey der USEAC entnommen, »Applications Processed«, »List Maintenance« und »Removal Notices«.

Zu beachten ist: Laut US Elections Assistance Commission bleiben bei der Wahldatenerhebung beträchtliche Lücken bestehen, ein Mangel, der sich nach eigenem Bekunden auf ihre eigenen Datensätze auswirke, auch wenn alle Anstrengungen unternommen worden seien, fehlende Daten zu erklären. Daher der Ausdruck »Nicht weniger als ...« bei der Angabe der ungültigen Stimmen durch Ankreuzen zu weniger oder zu vieler Optionen.

Mein Dank geht an Prof. Matthew Barreto von der Universität von Washington und Prof. Philip Klinkner vom Hamilton College, Dr. Tova Wang (ehemals bei der USEAC), den Mitarbeitern des Brennan Center for Justice an der Jurafakultät der Universität von New York, Christopher Edley, Dekan der Jurafakultät der Universität von Kalifornien (ehemals Kommissionsmitglied bei der USEAC und Mitbegründer des Civil Rights Project der Jurafakultät der Harvard-Universität) für ihre Analysen des ethnischen Profils der ungezählten Stimmzettel und abgelehnten oder aus den Wählerlisten gestrichenen Wähler und für ihre Anleitung bei diesen Berechnungen, auch wenn die letzte Verantwortung dafür allein beim Autor liegt. Dessen etwas eingerostete eigene Fähigkeiten aus seiner Zeit als Statistiklehrer an der Universität von Indiana wären der Aufgabe ohne die Unterstützung durch die Arbeit dieser bedeutenden und nachdenklichen Wissenschaftler nicht gewachsen gewesen.

Weitere Erörterungen und Aktualisierungen der Berechnungen erscheinen, sobald verfügbar, auf *www.GregPalast.com* sowie in den Kommentaren und Untersuchungsergebnissen der oben aufgeführten Experten. Ausgewiesene Fachleute sind eingeladen, ihre eigenen Befunde zur Gruppenanalyse zu posten.

Greg Palast

Register

Greg Palast (*1952 in L. A.) ist unabhängiger Reporter/
Ermittler/Filmemacher und arbeitet u. a. für die BBC, den
Guardian und den Rolling Stone. Seine Bücher waren mehr-
fach auf der New York Times Bestsellerliste. Palast war
Dozent an den Universitäten Cambridge und Sao Paolo und
ist »Patron of the Trinity College Philosophical Society«,
eine Position, die vormals schon Jonathan Swift und Oscar
Wilde innehatten. Palast lebt in L. A.